CONTABILIDADE
PARA EXECUTIVOS

Respeite o direito autoral

O GEN | Grupo Editorial Nacional – maior plataforma editorial brasileira no segmento científico, técnico e profissional – publica conteúdos nas áreas de ciências sociais aplicadas, exatas, humanas, jurídicas e da saúde, além de prover serviços direcionados à educação continuada e à preparação para concursos.

As editoras que integram o GEN, das mais respeitadas no mercado editorial, construíram catálogos inigualáveis, com obras decisivas para a formação acadêmica e o aperfeiçoamento de várias gerações de profissionais e estudantes, tendo se tornado sinônimo de qualidade e seriedade.

A missão do GEN e dos núcleos de conteúdo que o compõem é prover a melhor informação científica e distribuí-la de maneira flexível e conveniente, a preços justos, gerando benefícios e servindo a autores, docentes, livreiros, funcionários, colaboradores e acionistas.

Nosso comportamento ético incondicional e nossa responsabilidade social e ambiental são reforçados pela natureza educacional de nossa atividade e dão sustentabilidade ao crescimento contínuo e à rentabilidade do grupo.

José Carlos **Marion**
Adalberto **Cardoso**
Ricardo Pereira **Rios**

CONTABILIDADE
PARA EXECUTIVOS

Os autores e a editora empenharam-se para citar adequadamente e dar o devido crédito a todos os detentores dos direitos autorais de qualquer material utilizado neste livro, dispondo-se a possíveis acertos caso, inadvertidamente, a identificação de algum deles tenha sido omitida.

Não é responsabilidade da editora nem dos autores a ocorrência de eventuais perdas ou danos a pessoas ou bens que tenham origem no uso desta publicação.

Apesar dos melhores esforços dos autores, do editor e dos revisores, é inevitável que surjam erros no texto. Assim, são bem-vindas as comunicações de usuários sobre correções ou sugestões referentes ao conteúdo ou ao nível pedagógico que auxiliem o aprimoramento de edições futuras. Os comentários dos leitores podem ser encaminhados à **Editora Atlas Ltda.** pelo e-mail faleconosco@grupogen.com.br.

Direitos exclusivos para a língua portuguesa
Copyright © 2019 by
Editora Atlas Ltda.
Uma editora integrante do GEN | Grupo Editorial Nacional

Reservados todos os direitos. É proibida a duplicação ou reprodução deste volume, no todo ou em parte, sob quaisquer formas ou por quaisquer meios (eletrônico, mecânico, gravação, fotocópia, distribuição na internet ou outros), sem permissão expressa da editora.

Rua Conselheiro Nébias, 1384
Campos Elísios, São Paulo, SP — CEP 01203-904
Tels.: 21-3543-0770/11-5080-0770
faleconosco@grupogen.com.br
www.grupogen.com.br

Designer de capa: Caio Cardoso

Imagem de capa: Rawpixel | iStockphoto

Editoração Eletrônica: Edel

CIP-BRASIL. CATALOGAÇÃO NA PUBLICAÇÃO
SINDICATO NACIONAL DOS EDITORES DE LIVROS, RJ

M295c

Marion, José Carlos
Contabilidade para executivos / José Carlos Marion, Adalberto Cardoso, Ricardo Pereira Rios. – São Paulo : Atlas, 2019.

ISBN 978-85-97-02173-8

1. Contabilidade gerencial. I. Cardoso, Adalberto. II. Rios, Ricardo Pereira. III. Título.

19-57606	CDD: 657.42
	CDU: 657.4

Vanessa Mafra Xavier Salgado – Bibliotecária – CRB-7/6644

Recurso Didático

Para facilitar o aprendizado, este livro conta com os seguintes recursos didáticos:

- Planilha do fluxo de caixa.
- Videoaulas (*on-line*).

Sempre que um capítulo possuir uma ou mais videoaulas correspondentes, ela estará indicada com o ícone ▶.

O acesso aos recursos é gratuito. Basta que o leitor siga as instruções apresentadas na orelha da obra.

Sumário

Introdução, 1

PARTE I   CONTABILIDADE E PATRIMÔNIO, 3

1   A Contabilidade, 5
- 1.1   Contexto histórico e conceito, 5
- 1.2   Objetivos da Contabilidade, 6
- 1.3   Aplicação da Contabilidade, 7
- 1.4   Para quem é mantida a Contabilidade?, 8
- 1.5   Enfoques da Contabilidade, 8
- 1.6   Papel social da Contabilidade, 9
- 1.7   Harmonização das normas contábeis, 9

2   O Patrimônio, 11
- 2.1   Conceito, 11
- 2.2   Bens, 12
- 2.3   Direitos, 13
- 2.4   Obrigações, 13
- 2.5   Patrimônio Líquido, 15

PARTE II   DEMONSTRAÇÕES FINANCEIRAS, 17

3   Demonstrações Financeiras ou Relatórios Contábeis, 19
- 3.1   Conceito, 19
- 3.2   Demonstrações Financeiras e a Lei das Sociedades por Ações, 20
- 3.3   Objetivos das Demonstrações Financeiras, 21
- 3.4   Notas Explicativas, 21
- 3.5   Exercício social, 22
- 3.6   A aplicação das normas contábeis, 22
- 3.7   Usuários das Demonstrações Financeiras, 23
- 3.8   Como confiar nas Demonstrações Financeiras?, 25
- 3.9   Outras informações, 25

4   Balanço Patrimonial, 27
- 4.1   Introdução, 27
- 4.2   Representação gráfica, 27
- 4.3   Ativo, 28
- 4.4   Passivo, 29

CONTABILIDADE PARA EXECUTIVOS | Marion • Cardoso • Rios

4.5 Patrimônio Líquido, 29
4.6 O termo "Passivo" segundo a Lei das S.A., 30
4.7 Origens e aplicações de recursos, 31
4.8 Explicação do termo "balanço patrimonial", 31
4.9 Requisitos do balanço patrimonial, 32

5 Grupo de Contas do Balanço Patrimonial, 34
5.1 Grupo de contas do Ativo, 34
5.2 Grupo de contas do Passivo, 39

6 Notas Explicativas e Evidenciações, 44
6.1 Notas Explicativas, 45
6.2 Quadros analíticos e suplementares, 48
6.3 Comentários do auditor, 50
6.4 Relatório da administração ou diretoria, 54

7 Demonstração do Resultado do Exercício – DRE, 58
7.1 Apuração do resultado, 58
7.2 Demonstração do Resultado do Exercício, 60
7.3 Custo das vendas, 61
7.4 Despesas operacionais, 61
7.5 Imposto de Renda, 62
7.6 Participações e contribuições, 63

8 Demonstração dos Lucros ou Prejuízos Acumulados (DLPAc) e Demonstração das Mutações do Patrimônio Líquido (DMPL), 67
8.1 Demonstração dos Lucros ou Prejuízos Acumulados (DLPAc), 67
8.2 Demonstração das Mutações do Patrimônio Líquido (DMPL), 72

9 Demonstração dos Fluxos de Caixa (DFC), 77
9.1 Introdução, 77
9.2 Demonstrações Financeiras para montagem da Demonstração dos Fluxos de Caixa – DFC, 80
9.3 Notas Explicativas para montagem da Demonstração dos Fluxos de Caixa – DFC, 83
9.4 Método direto, 83
9.5 Explicação sobre os dados obtidos da Contabilidade, 84
9.6 Explicação sobre a Demonstração dos Fluxos de Caixa (método indireto), 86
9.7 Explicação da montagem da Demonstração dos Fluxos de Caixa – método indireto, 93

SUMÁRIO ix

9.8 Demonstração dos Fluxos de Caixa *versus* fluxo de caixa financeiro, 96

9.9 Planejamento financeiro, 96

10 Demonstração do Valor Adicionado (DVA), 102

10.1 Valor Adicionado/Balanço Social, 103

10.2 Como elaborar a DVA?, 105

10.3 O Valor Adicionado e a carga tributária, 105

PARTE III TIPOS DE DECISÕES, 109

11 Decisões Referentes ao Endividamento, 111

11.1 Introdução, 111

11.2 Participação de capitais de terceiros sobre recursos totais, 112

11.3 Composição do endividamento (aspecto qualitativo da dívida), 113

11.4 Dívidas onerosas ou não onerosas?, 115

11.5 Estrutura de capital da Cia. Jundiaí S.A., 115

12 Decisões Referentes ao Capital de Giro, 118

12.1 Introdução, 118

12.2 Sob o ângulo da análise horizontal e vertical, 119

12.3 Sob o ângulo dos índices de atividades, 122

12.4 Nível de desconto de duplicatas em relação ao total de duplicatas, 123

12.5 Nível de atrasos de duplicatas, 123

13 Decisões Referentes à Liquidez, 125

13.1 Índices de liquidez, 125

14 Decisões Referentes às Imobilizações, 133

14.1 Considerações iniciais, 133

14.2 Conceitos de movimentações de Ativos Imobilizados, 135

14.3 Itens que compõem o Ativo Não Circulante Imobilizado, 137

14.4 Principais taxas de depreciação, 138

14.5 Alguns indicadores de imobilização, 139

14.6 A idade do imobilizado, 141

15 Decisões Referentes ao Comportamento das Despesas em Relação às Vendas, 142

15.1 Análise horizontal, 142

15.2 Despesas/receitas financeiras, 143

16 Análise Horizontal e Vertical, 147
16.1 Análise vertical, 147
16.2 Análise horizontal (análise de tendência), 151
16.3 Análise horizontal e a base 100, 151

17 Decisões Referentes à Rentabilidade, 158
17.1 Introdução, 158
17.2 A fórmula *DuPont*, 162

18 Análise dos Fluxos de Caixa, 171
18.1 Caixa bruto obtido nas operações (item A do modelo), 172
18.2 Caixa gerado no negócio (item B do modelo), 173
18.3 Caixa líquido após os fatos não operacionais (item C do modelo), 173
18.4 Caixa líquido após operações financeiras (item D do modelo), 174
18.5 Caixa após amortização dos empréstimos (item E do modelo), 174
18.6 Caixa após novas fontes de recursos (item F do modelo), 174
18.7 Caixa líquido final (item G do modelo), 175

19 Análise da Demonstração do Valor Adicionado (DVA), 177
19.1 Exemplo de DVA, 179
19.2 Índices em que o valor adicionado é destacado no denominador, 181

20 Situação Financeira × Situação Econômica, 185
20.1 Lucro da empresa × lucro do empresário, 185
20.2 Aspectos econômicos × financeiros, 188

21 Índice-padrão, 193
21.1 Introdução, 193
21.2 Como preparar índices-padrão, 194
21.3 Conceituação dos índices, 196
21.4 Exemplo prático de índices-padrão: edição *Melhores & Maiores*, 196

22 Quadro Clínico da Empresa, 207
22.1 Introdução, 207

23 Nota Geral da Empresa, 215
23.1 Introdução, 215

Referências Bibliográficas, 221

Introdução

Desde sempre, a moeda-dinheiro foi e continua sendo a grande motivadora e impulsionadora da vida do homem. Saber gerenciá-la, para que possamos aproveitar mais, com mais eficiência e tranquilidade suas regalias, consequência desse gerenciamento, sem que nos tornemos escravos dessas moedas, tem sido a grande busca do ser humano nesses tempos modernos.

Essa busca incessante do homem pela realização de sonhos, pelas facilidades tecnológicas e pelas decisões tomadas com firmeza e segurança tem encontrado na Contabilidade uma aliada constante e fiel.

A Contabilidade, hoje vista como ciência e harmonizada com as normas internacionais, fundamenta a sua existência na possibilidade de serem registrados todos os dados monetariamente mensuráveis da empresa que serão organizados e transformados em relatórios e, por sua vez, como documentos legais garantirão o funcionamento contábil da empresa.

A função básica e primordial desses relatórios/documentos é fornecer e gerar, por meio de informações corretas, claras e fidedignas, uma visão geral de toda a vida econômico-financeira da empresa para que seus administradores possam, com total segurança e fundamentação, tomar quaisquer decisões que garantam o bom andamento e o devido desenvolvimento de sua empresa e de seu negócio. É com as demonstrações financeiras e os bancos de dados advindos de estudos contábeis que as empresas conseguirão assegurar o sucesso administrativo.

Vivemos um momento em que aplicar os recursos escassos disponíveis com a máxima eficácia tornou-se, dadas as dificuldades econômicas (concorrência, globalização, competência etc.), uma tarefa nada fácil. Somente a experiência e o *feeling* do administrador não são mais fatores decisivos no quadro atual; exige-se, para efetuar uma deliberação eficaz, uma gama de informações reais e verdadeiras que fundamentem tais decisões, fornecidas, apenas, por meio dos relatórios elaborados pela Contabilidade.

Tem-se, a cada dia que passa, percebido que, em um mundo empresarial, as decisões administrativas são deliberações obrigatórias, que estão constantemente envolvidas na vida de qualquer empresa, seja ela pequena, média ou grande. Essas decisões podem ser desde a compra ou aluguel de um maquinário ou estabelecimento, ou a determinação de preços de produtos, serviços e de salários, até a contração ou não de dívidas tanto a longo como a curto prazos dentre tantas outras decisões já tão conhecidas e praticadas por uma empresa.

Pretende-se, com este livro, proporcionar aos leitores conhecimentos básicos relativos à Contabilidade Empresarial, com intuito de auxiliar na organização administrativa, que, com certeza, facilitará e assegurará as possíveis tomadas de decisões.

Este trabalho está dividido em três partes:

1. Na primeira, conceituamos Contabilidade e patrimônio.
2. Na segunda, relacionamos os principais Relatórios Contábeis para as tomadas de decisões, explicando-os detalhadamente, proporcionando meios para leitura e interpretação.
3. Na terceira, sugerimos alguns tipos de resoluções com base nas Demonstrações Financeiras. Não poderíamos, e seria impossível, esgotar todas as soluções que podem ser dadas com base nas Demonstrações Financeiras. Queremos, sim, apresentar ao leitor alguns pontos relevantes para as tomadas de decisões e a importância dos Relatórios Contábeis.

Ressaltamos que este livro tem cunho introdutório. A Contabilidade, como instrumento de decisão, é muito mais do que aquilo que apresentamos. Na verdade, seria impossível, em um único compêndio, abarcar a ampla contribuição que a Contabilidade propicia aos responsáveis pelas decisões.

Nossa ênfase maior são os usuários internos da empresa (administrador, gerente, empresário e outros que gerenciam seus negócios). Abordamos, basicamente, a Contabilidade Financeira, não tratando da Contabilidade de Custos e da Contabilidade Gerencial.

Procuramos dar, antes, uma visão didática da utilidade da Contabilidade do que uma ênfase técnico-profissional.

No que tange aos exercícios, optamos por apresentar questões e estudos de casos, utilizando, em algumas circunstâncias, palavras sinônimas daquelas evidenciadas no texto. Os exercícios têm o propósito de contribuir para despertar o interesse pelo aprimoramento dos conhecimentos extraídos dos capítulos estudados. Se o leitor sentir um maior grau de dificuldade na resolução dos exercícios, poderá pesquisar outros livros, cuja sugestão encontra-se nas Referências Bibliográficas ao final da obra.

Entendemos que o professor que lida constantemente com seu público-alvo deveria, conforme a necessidade, agregar uma parte teórica, de acordo com sua experiência, ou introduzir outros exercícios que melhor se ajustem aos anseios dos alunos, considerando a condição do grupo, as peculiaridades regionais, os objetivos do curso etc.

Como sempre, estamos abertos a sugestões e contribuições. Muito obrigado.

Os autores

PARTE I

CONTABILIDADE E PATRIMÔNIO

1 A Contabilidade

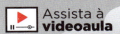

OBJETIVOS DO CAPÍTULO

- Apresentar com clareza o conceito de Contabilidade, explicando para quem ela é elaborada, sua aplicação e suas regras básicas.
- Explicar quais são as características de qualidade das Demonstrações Contábeis.

1.1 Contexto histórico e conceito

A Contabilidade surgiu de forma natural e rudimentar para suprir a necessidade de controle do patrimônio pessoal e dos negócios. É imprecisa a data de sua origem. Iudícibus (2015) comenta que vários historiadores apontam a existência de contas cerca de 2.000 a.C. e que é provável que algumas formas mais rudimentares de contagem de bens tenham existido muito antes disso, por volta de quatro milênios a.C.

Com o passar do tempo, acompanhando a evolução da sociedade, a Contabilidade foi se desenvolvendo e tornou-se uma ciência robusta, revelando-se uma área de conhecimento rica e que presta um grande contributo às pessoas e às empresas na prestação de informações úteis para a tomada de decisão e condução de suas finanças pessoais e dos negócios. No entanto, o governo começou a se utilizar dela para arrecadar impostos, tornando-a obrigatória para a maioria das empresas.

Ressaltamos, entretanto, que a Contabilidade não deve ser feita visando basicamente a atender às exigências do governo, mas, o que é muito importante, a auxiliar as pessoas a tomar decisões (Marion, 2015).

Nesse contexto, podemos encontrar uma vasta gama de definições sobre o que vem a ser Contabilidade. Em todas elas, há elementos ligados a controle, informações e gestão do patrimônio.

No primeiro Congresso Brasileiro de Contabilidade, realizado no Rio de Janeiro, de 17 a 27 de agosto de 1924, conceituou-se da seguinte forma:

"A Contabilidade é uma ciência que estuda a prática das funções de orientação, de controle e de registro relativas à administração econômica".

São vários os conceitos: para uns, a Contabilidade é uma ciência, para outros, uma arte. Vamos entendê-la, aqui, como um instrumento da função administrativa que tem como finalidade controlar o patrimônio das entidades, apurar seus resultados e suprir, com o máximo de informações, seus diversos usuários. A propósito, uma *entidade* é qualquer pessoa física, ou jurídica, detentora de um patrimônio.

> Uma empresa sem boa Contabilidade é como um barco à deriva ao sabor dos ventos.

1.2 Objetivos da Contabilidade

O objetivo principal da Contabilidade é fornecer informações que possam ser úteis para a tomada de decisão pelos seus diversos tipos de usuários. Iudícibus (2015) salienta que é muito difícil, na prática, determinar qual informação é útil ou não no processo de tomada de decisão, isso porque há necessidades diferentes para os diversos usuários dessa informação. O autor propõe ainda que seja realizado um estudo de quais objetivos se quer maximizar e com isso coletar informações utilizadas no passado para essa maximização e, na sequência, alimentar o modelo preditivo que auxiliará o modelo decisório.

Iudícibus (2015) ressalta que isso nem sempre é fácil de ser feito porque existem usuários que têm necessidade de maximizar mais de um tipo de informação.

É muito importante que fique claro que a Contabilidade tem papel fundamental no apoio ao processo de tomada de decisão. A Contabilidade Financeira ou

Societária é elaborada seguindo normas de Contabilidade, portanto, regulamentada. É essencial que se faça um estudo profundo das necessidades de informações que cada empresa possui, para que, a partir da Contabilidade Societária, se extraiam dados que alimentarão, com outros dados e informações, a denominada Contabilidade Gerencial, que não é regulamentada e, por isso, é mais flexível para adaptar-se às necessidades dos diversos usuários de informações.

A seguir, reproduzimos de Iudícibus (2015) um quadro que relaciona alguns tipos de usuários da informação contábil com as necessidades de maximização de informações:

Usuário da informação contábil	Meta que desejaria maximizar ou tipo de informação mais importante
Acionista minoritário	Fluxo regular de dividendos
Acionista majoritário ou com grande participação	Fluxo de dividendos, valor de mercado da ação, lucro por ação
Acionista preferencial	Fluxo de dividendos mínimos ou fixos
Emprestadores em geral	Geração de fluxos de caixa futuros suficientes para receber de volta o capital mais os juros, com segurança
Entidades governamentais	Valor adicionado, produtividade, lucro tributável
Média e alta administração	Retorno sobre o Ativo, retorno sobre o Patrimônio Líquido; situação de liquidez e endividamento confortáveis

Fonte: Iudícibus (2015, p. 5).

1.3 Aplicação da Contabilidade

Aplica-se a Contabilidade às entidades econômico-administrativas, as quais, para atingirem seus objetivos, sejam eles econômicos ou sociais, utilizam-se de bens patrimoniais e necessitam de um órgão administrativo que execute os atos necessários a seus fins.

Neste livro, enfocaremos a Contabilidade Geral, também conhecida como Contabilidade Financeira ou Societária, que pode ser aplicada nos diversos ramos de atividades. Para cada tipo de empresa, existe uma denominação específica:

- Contabilidade Comercial;
- Contabilidade Industrial;
- Contabilidade Pública;
- Contabilidade Bancária;
- Contabilidade Hospitalar;
- Contabilidade Agropecuária;
- Contabilidade Securitária etc.

1.4 Para quem é mantida a Contabilidade?

A Contabilidade pode ser elaborada para uma pessoa física, que é o indivíduo ou pessoa comum, ou para uma pessoa jurídica, uma empresa. Porém, tanto a pessoa física como a pessoa jurídica, ao possuírem um patrimônio, passam a assumir a condição de entidade econômico-administrativa.

1.5 Enfoques da Contabilidade

Durante muitos anos, a Contabilidade teve sua atenção voltada ao processo de escrituração (registro) e controle do patrimônio. Essa tendência foi herdada das escolas italianas. Nos tempos atuais, as normas de Contabilidade dão enfoque total aos relatórios contábeis, por entender que são o produto final da Contabilidade e que é por meio de sua análise que os diversos usuários podem realizar seus estudos e tomar suas decisões. Portanto, os relatórios produzidos pela Contabilidade devem ter características qualitativas, sendo elas divididas em fundamentais e de melhoria:

Características fundamentais	Características de melhoria
Relevância	Comparabilidade
Materialidade	Verificabilidade
Representação fidedigna	Tempestividade
	Compreensibilidade

As características fundamentais são as essenciais:

a) Relevância: Informação relevante é aquela capaz de fazer a diferença nas decisões, porque tem valor preditivo, ou seja, o usuário consegue utilizá-la para suas projeções e previsões futuras.
b) Materialidade: É material a informação quando sua omissão ou divulgação distorcida puder influenciar decisões que os usuários tomam.
c) Representação fidedigna: Deve representar fielmente a situação econômica e financeira da entidade e, para isso, deve ser completa, neutra (em julgamentos e utilização de políticas contábeis) e livre de erro.

As características de melhoria são aquelas que melhoram a qualidade dos demonstrativos contábeis:

a) Comparabilidade: Permite que os usuários façam comparações com as informações contábeis divulgadas. Essas comparações podem ser de período passado para o atual como de uma empresa para outra do mesmo segmento.
b) Verificabilidade: Ajuda a assegurar ao usuário que a informação representa fielmente a situação econômica e financeira da entidade. A verificabilidade

permite que diferentes observadores, independentes, cheguem a um mesmo consenso quanto ao retrato de uma realidade econômica.

c) Tempestividade: A informação tem que vir no tempo adequado, entendido como tal, a tempo de poder influenciar os usuários em suas decisões.

d) Compreensibilidade: Os relatórios devem ser compreensíveis, levando-se em conta que os usuários têm conhecimento razoável de negócios e de atividades econômicas, e que revisem e analisem a informação diligentemente.

Essas características estão descritas na Estrutura Conceitual Básica da Contabilidade, que é uma norma contábil.

1.6 Papel social da Contabilidade

A Contabilidade tem relevante papel para a sociedade, pois há em seus relatórios informações que podem influenciar a tomada de decisão de diversos usuários, por exemplo: investidores, emprestadores de dinheiro para empresa (credores em geral, bancos, fornecedores), governo (verificação das atividades, folha de pagamento, pagamento de impostos etc.) e outros.

Recentemente, o mundo assistiu à quebra de diversas empresas de grande porte e que possuíam demonstrativos contábeis saudáveis, como exemplo, podemos citar a Enron, o Lehman Brothers etc.

Iudícibus (2015, p. 9) menciona sobre a abordagem sociológica da Contabilidade:

> A Contabilidade, nesta abordagem, é julgada por seus efeitos no campo sociológico. É uma abordagem do tipo "bem-estar social" (*welfare*), no sentido de que os procedimentos contábeis e os relatórios emanados da Contabilidade deveriam atender a finalidades sociais mais amplas, inclusive relatar adequadamente ao público informações sobre a amplitude e a utilização dos poderes das grandes companhias.

1.7 Harmonização das normas contábeis

O mundo todo passou, nos últimos anos, por um processo de harmonização de normas contábeis. Antes, cada país possuía seu arcabouço de normas, que era influenciado por questões regionais como cultura, política, crenças etc. Isso causava grande dificuldade para as empresas, especialmente as multinacionais. Havia necessidade de conversão de demonstrativos contábeis para que pudessem ser consolidados com os demonstrativos da matriz. Além disso, o custo para captação de recursos era mais alto; quanto mais alto o risco, maior a taxa de juros. Com a harmonização, os relatórios mudaram e passaram a seguir uma linguagem única e de maior confiabilidade, o que os tornou mais robustos e confiáveis.

No mundo todo, dois organismos internacionais disputavam a soberania em pronunciamentos sobre normas contábeis, o FASB (norte-americano) – Financial

Accounting Standards Board – e o IASB (europeu) – International Accounting Standards Board. Com os escândalos nas empresas americanas, o FASB perdeu sua força e o IASB tornou-se a grande referência em normas. Além disso, o FASB tem normas mais voltadas para o mercado de capitais, e o IASB atende a usuários de maneira geral. Os pronunciamentos do IASB são conhecidos como IFRS (International Financial Reporting Standard).

A harmonização em mais de 130 países foi feita em relação às normas do IASB.

No Brasil já havia o Comitê de Pronunciamentos Contábeis (CPC), e o processo de harmonização às normas internacionais teve início em 2008. Existem cerca de 49 normas contábeis, tratando sobre diversos assuntos como mensuração de Ativos, Passivos, instrumentos financeiros etc.

EXERCÍCIOS

1. Conceitue Contabilidade e diga qual seu objetivo.

2. Para quem é mantida a Contabilidade?

3. Cite exemplos de usuários da Contabilidade e quais informações podem utilizar mais.

4. O que é Contabilidade Financeira?

5. O que são características qualitativas dos relatórios contábeis?

6. Explique materialidade.

7. Explique representação fidedigna.

8. Contabilidade é:

    a) A ciência que se destina a estudar e controlar o patrimônio das entidades.

    b) Apenas um elemento controlador do patrimônio.

    c) Simplesmente, a técnica de escrituração de atos e fatos da administração econômica.

    d) O registro de bens e valores desvinculado da técnica.

9. Qual o campo de aplicação da Contabilidade?

    a) O crédito e as organizações.

    b) As entidades econômico-administrativas.

    c) As contas vinculadas e o patrimônio.

    d) O controle dos valores patrimoniais e a administração financeira das empresas.

10. Explique comparabilidade.

2 O Patrimônio

Assista à videoaula

OBJETIVOS DO CAPÍTULO

- Oferecer o entendimento do termo "patrimônio".
- Explicar sua composição.
- Explicar a equação patrimonial (Patrimônio Líquido).

2.1 Conceito

Patrimônio é um conjunto de bens, direitos e obrigações susceptível de avaliação em moeda, vinculado a uma pessoa ou empresa, em um determinado momento. O patrimônio compõe-se também de valores a receber, os quais são, por isso, denominados direitos a receber ou, simplesmente, direitos.

Considerando-se apenas os bens e direitos, não se pode identificar a verdadeira situação de uma pessoa ou empresa. É necessário evidenciar as obrigações (dívidas) em relação a esses bens e direitos. Ou seja, não se pode dizer que uma empresa é rica somente pelo patrimônio que demonstra; é preciso também levar em conta as suas dívidas. Por isso, em Contabilidade, a palavra "patrimônio" tem sentido amplo: bens, direitos e obrigações (dívidas).

PATRIMÔNIO	
Bens e direitos	Obrigações (dívidas)

2.2 Bens

Entendem-se como bens as coisas úteis, capazes de satisfazer as necessidades das pessoas e das empresas. Se tiverem forma física, são tangíveis (corpóreas), por exemplo: veículos, imóveis, estoque de mercadorias para revenda, dinheiro, móveis e utensílios (móveis de escritório), máquinas industriais etc.

Os bens intangíveis, isto é, incorpóreos, são os não constituídos de matéria. É o caso das marcas, que constituem um bem significativo para as empresas (Coca-Cola, Nestlé), e das patentes (documento, expedido pelo Estado, que garante a uma pessoa ou empresa o direito exclusivo de explorar uma invenção).

O Código Civil brasileiro distingue os bens em:

- **Bens imóveis:** São aqueles vinculados ao solo, que não podem ser demovidos sem destruição ou danos – edifícios, construções, árvores etc.
- **Bens móveis:** São aqueles que podem ser demovidos por si próprios ou por pessoas – animais, máquinas, equipamentos, estoques de mercadorias para revenda etc.

Suponha-se que a Cia. Jundiaí tenha os seguintes bens:

Em $ mil

Cia. Jundiaí S.A.	
Edifícios	200
Móveis e utensílios	100
Veículos	150
Máquinas	400
Terrenos	1.000
Marcas e patentes	150
Total	2.000

Esses bens podem ser classificados da seguinte maneira:

Em $ mil

Bens	Tangíveis	Intangíveis	Móveis	Imóveis
Edifícios	200			200
Móveis e utensílios	100		100	

(continua)

Continuação

Veículos	150		150	
Máquinas	400		400	
Terrenos	1.000			1.000
Marcas e patentes		150	150	
Total	1.850	150	800	1.200

2.000   2.000

2.3 Direitos

Em Contabilidade, entende-se por "direito" o poder de exigir alguma coisa. É o que se tem a receber, como valores, títulos, duplicatas, contas etc.

Na empresa, o direito a receber mais comum decorre das vendas a prazo, ou seja, quando se vendem mercadorias ou se prestam serviços a outras empresas, e o pagamento não é efetuado no ato da compra, mas no futuro; assim sendo, a empresa vendedora/prestadora emite uma duplicata como documento comprobatório. Esse direito denomina-se duplicata a receber.

Como exemplos de outros direitos, podem ser citados: aluguéis, promissórias, ações e debêntures.

Relação de direitos da Cia. Jundiaí:

Em $ mil

Cia. Jundiaí S.A.	
Itens	Valores
Banco conta movimento (depósito)	1.360
Duplicatas a receber	2.640
Títulos a receber (promissórias)	1.000
Aluguéis a receber	600
Contas a receber – clientes	1.500
Total	7.100

2.4 Obrigações[1]

São dívidas com terceiros. Em Contabilidade, tais dívidas são denominadas obrigações exigíveis, isto é, compromissos que serão reclamados, cujo pagamento é exigido na data do vencimento.

Em caso de empréstimo bancário, a empresa fica devendo ao banco (empréstimo a pagar). Se a dívida não for liquidada na data do vencimento, o banco exigirá o pagamento.

---

[1] Seção adaptada de Marion (2015).

Uma obrigação exigível muito comum nas empresas é a compra de mercadorias a prazo. Nesse caso, a empresa fica devendo para o fornecedor de mercadorias; por essa razão, a dívida é conhecida como fornecedores a pagar.

Outras obrigações exigíveis são:

- com funcionários ou empregados – salários;
- com governos – impostos;
- com as finanças – financiamentos;
- com o INSS e FGTS – encargos sociais;
- com o locador do imóvel – aluguéis;
- diversas contas como energia elétrica, água, gás etc. – contas a pagar.

Obrigações exigíveis da Cia. Jundiaí:

Em $ mil

Cia. Jundiaí S.A.	
Itens	**Valores**
Fornecedores a pagar	800
Empréstimos bancários a pagar	400
Salários a pagar	350
Encargos sociais a pagar (INSS, FGTS)	450
Imposto a pagar (ou a recolher)	900
Financiamento (a pagar de longo prazo)	1.100
Contas a pagar (diversas)	500
Total	4.500

Representação gráfica do **patrimônio**:

Patrimônio	
Bens + Direitos	**Obrigações exigíveis**
Bens	*Obrigações*
Dinheiro	Empréstimo a pagar
Mercadorias em estoques	Salários a pagar
Veículos	Fornecedores a pagar
Imóveis	Financiamentos
Máquinas	Impostos a pagar
Ferramentas	Encargos sociais a pagar
Móveis e utensílios	Aluguéis a pagar
Marcas e patentes	Títulos a pagar
Direitos	Promissórias a pagar
Depósitos em bancos	Contas a pagar

(continua)

Continuação

Patrimônio	
Bens + Direitos	**Obrigações exigíveis**
Bens	*Obrigações*
Duplicatas a receber	
Títulos a receber	
Aluguéis a receber	
Ações	

Lado esquerdo   Lado direito

Nessa representação, colocam-se, no lado esquerdo, bens e direitos e, no lado direito, obrigações exigíveis.

2.5 Patrimônio Líquido

Para se conhecer a riqueza líquida de uma pessoa ou empresa, somam-se seus bens e direitos e, desse total, subtraem-se as obrigações; o resultado é a riqueza líquida, ou seja, a parte que sobra do patrimônio para a pessoa ou empresa. Em Contabilidade, é o que se denomina patrimônio líquido ou situação líquida.

O **Patrimônio Líquido (PL)** representa os investimentos dos proprietários (capital) mais os lucros acumulados, retidos pela empresa no decorrer dos anos, ou seja, não distribuídos e ainda não incorporados ao capital. Além desses itens, podemos observar, neste grupo, contas de reservas, que serão estudadas no Capítulo 8 sobre Demonstração de Lucros ou Prejuízos Acumulados e Demonstração das Mutações do Patrimônio Líquido.

Patrimônio da Cia. Jundiaí S.A.			
Bens + Direitos		**Obrigações exigíveis**	
Bens	1.830	Obrigações	**4.500**
Direitos	2.800	Patrimônio líquido	**130**
Total	**4.630**	**Total**	**4.630**

Patrimônio Líquido = bens + direitos (–) obrigações

Portanto, o Patrimônio Líquido é a medida eficiente da verdadeira riqueza de uma pessoa ou empresa.

EXERCÍCIOS

1. O termo patrimônio poderia ser entendido como:

a) Conjunto de bens, direitos e obrigações.

b) Conjunto de obrigações.

c) Conjunto de máquinas.

d) Conjunto de dinheiro.

2. O que efetivamente mede o patrimônio?

3. O que você entende por direitos a receber?

4. Edificações e construções são:

a) Bens e direitos.

b) Bens móveis.

c) Bens imóveis.

d) Bens intangíveis.

5. Bens intangíveis podem ser:

a) Imóveis.

b) Veículos.

c) Tipos de animais.

d) Marca e patentes.

6. Dinheiro em conta bancária é:

a) Bem.

b) Direito.

c) Obrigação.

d) Patrimônio Líquido.

7. O termo "exigível" significa:

a) Que não será cobrado.

b) Que é um direito.

c) Que é um bem.

d) Que será reclamado.

8. O lado esquerdo do balanço patrimonial é conhecido como o lado:

a) De bens e direito.

b) Dos bens.

c) Dos direitos.

d) Das obrigações.

9. A riqueza líquida de uma pessoa ou empresa é medida por:

a) Patrimônio.

b) Patrimônio geral.

c) Patrimônio Líquido.

d) Obrigações.

10. O lado direito do balanço patrimonial é conhecido como o lado:

a) Das obrigações.

b) Dos bens.

c) Do Ativo.

d) Dos direitos.

PARTE II
DEMONSTRAÇÕES FINANCEIRAS

3 Demonstrações Financeiras ou Relatórios Contábeis

▶ Assista à **videoaula**

OBJETIVOS DO CAPÍTULO

- Fazer o leitor entender as etapas do ciclo da Contabilidade Financeira.
- Apresentar as Demonstrações Financeiras obrigatórias, os tipos de informações que elas produzem e as finalidades dessas informações.

3.1 Conceito

Relatório Contábil é a exposição resumida e ordenada de dados colhidos pela Contabilidade. Ele objetiva relatar às pessoas que utilizam a Contabilidade (usuários da Contabilidade) os principais fatos registrados em um determinado período.

Os Relatórios Contábeis também são conhecidos como Informes Contábeis. Entre eles, os mais importantes são as Demonstrações Financeiras (terminologia utilizada pela Lei das S.A.) ou Demonstrações Contábeis (terminologia preferida pelos contadores mais conservadores).

3.2 Demonstrações Financeiras e a Lei das Sociedades por Ações

É importante entender as Demonstrações Financeiras ou Relatórios Contábeis para administrar uma empresa e saber como ela opera. As Demonstrações Financeiras oferecem uma rápida visão econômico-financeira em determinada data e são um ponto de partida para analisar as tendências futuras. Servem como base para planejar os futuros negócios, os orçamentos internos, a arrecadação de impostos, como informação para os acionistas etc.

> Conceito: Demonstrações Financeiras são relatórios com exposição resumida de dados extraídos pela Contabilidade. Têm como objetivo fornecer dados contábeis dos fatos registrados de uma entidade.

Uma das principais finalidades da Contabilidade é fornecer informações econômicas e financeiras sobre a situação do patrimônio das entidades, objetivando subsidiar os gestores na tomada de decisões, servindo, por exemplo, a pessoas interessadas, proprietários (sócios ou acionistas, titulares), administradores, sindicatos, investidores, fornecedores, bancos, concorrentes, governo e outros.

As informações econômico-financeiras são demonstradas em forma de Relatórios Contábeis, que se distinguem em obrigatórios e não obrigatórios.

Em relação às Demonstrações obrigatórias, a Lei nº 11.638/07 das Sociedades por Ações, alterando a Lei nº 6.404/76, estabelece que, ao final de cada Exercício Social (ano), a diretoria das empresas elaborará, com base na escrituração contábil, as seguintes Demonstrações Financeiras (ou Demonstrações Contábeis), exigidas a partir de 2008:

- Balanço patrimonial (BP);
- Demonstração do Resultado do Exercício (DRE);
- Demonstração dos Lucros e Prejuízos Acumulados (DLPAc);
- Demonstração dos Fluxos de Caixa (DFC);
- Demonstração do Valor Adicionado (DVA), se companhia aberta.

Algumas observações são importantes:

- A Demonstração dos Fluxos de Caixa substituiu a Demonstração das Origens e Aplicações de Recursos. Nos Estados Unidos, essa substituição aconteceu em 1988.
- A elaboração e publicação da Demonstração dos Fluxos de Caixa, no caso de companhias fechadas, só serão obrigatórias se possuírem Patrimônio Líquido superior a R$ 2.000.000,00 (dois milhões de reais) na data do balanço.

Cap. 3 • **DEMONSTRAÇÕES FINANCEIRAS OU RELATÓRIOS CONTÁBEIS** **21**

- Essas Demonstrações deverão ser publicadas pelas Sociedades por Ações, em dois meios de comunicação de grande circulação: no Diário Oficial e em um jornal de grande veiculação na região em que a empresa estiver estabelecida.

3.3 Objetivos das Demonstrações Financeiras

A Contabilidade pode ser considerada como um *sistema de informação*. Dessa forma, seu objetivo clássico é o de prover informação útil para a tomada de decisões, por parte de seus usuários.

Contudo, existem vários tipos de usuários da informação gerada pela Contabilidade, que têm foco e interesses diversos e diferenciados, tornando muito mais complexa a produção dessas informações, de forma que venha a satisfazer esses usuários.

Em 2008, o Brasil passou por um processo de revisão e reestruturação de suas normas contábeis para uma harmonização às normas internacionais. Esse processo não ocorreu somente por aqui, sendo global e tendo a adesão de mais de 100 países. O objetivo do movimento foi criar uma "linguagem" contábil única para o mundo todo. Um dos pontos-chave é o fortalecimento de práticas e políticas que deem mais confiabilidade aos Demonstrativos Contábeis, já que estes são o produto final da Contabilidade.

No Brasil, foi criado o Comitê de Pronunciamentos Contábeis (CPC), que tem por objetivo o estudo, o preparo e a emissão de normas, levando sempre em conta a convergência destas aos padrões internacionais.

O primeiro documento emitido é justamente a chamada Estrutura Conceitual para Elaboração e Divulgação de Relatório Contábil-Financeiro. O pronunciamento tem por objetivo o estabelecimento de conceitos que fundamentem a elaboração e a apresentação das Demonstrações Contábeis, destinadas a usuários externos e que são tratados na norma como Relatórios Contábeis-Financeiros de propósito geral. Esse termo, propósito geral, não está aí à toa, mas para espelhar que esse conjunto de normas contábeis adotados desde 2008 procura atender a todos os tipos de usuários das informações contábeis.

3.4 Notas Explicativas

Para complementar os dados das Demonstrações Contábeis, existem as Notas Explicativas, que, na verdade, não são Demonstrações Financeiras, mas as completam.

As novas normas contábeis implementadas no Brasil desde 2008, conforme já mencionado no item 3.3 deste capítulo, passaram a exigir um volume muito maior de divulgação de dados detalhados complementares às Demonstrações Contábeis. Trataremos com mais detalhes e aprofundamento sobre as Notas Explicativas no Capítulo 6.

3.5 Exercício social

Pelo menos a cada 12 meses, as empresas elaborarão os seus Demonstrativos Financeiros. Denominamos esse período de exercício social.

O exercício social terá duração de um ano, não havendo necessidade de coincidir com o ano civil (1º/01 a 31/12), embora, na maioria das vezes, assim aconteça. Os proprietários da empresa definirão a data de término do exercício social. Essa data não deve ser alterada, a não ser em condições supervenientes.

3.6 A aplicação das normas contábeis

O processo de harmonização das normas contábeis às normas internacionais no Brasil produziu um arcabouço de aproximadamente 50 novos pronunciamentos contábeis que foram aprovados e transformados em resoluções ou deliberações pelos órgãos competentes: Conselho Federal de Contabilidade, Comissão de Valores Mobiliários, Banco Central etc.

Para as sociedades anônimas, de capital aberto ou de capital fechado, é obrigatória a adoção de todo o conjunto de normas.

Além das sociedades anônimas, as denominadas sociedades de grande porte, assim entendidas aquelas que tiverem no exercício social anterior Ativo total superior a 240 milhões de reais ou receita bruta anual superior a 300 milhões de reais, também deverão adotar todo o conjunto de normas.

As demais empresas, que não sejam sociedade anônima de capital aberto, sociedade anônima de capital fechado e sociedade de grande porte, adotam uma única norma, mais simplificada, denominada CPC PME – Contabilidade para Pequenas e Médias Empresas.

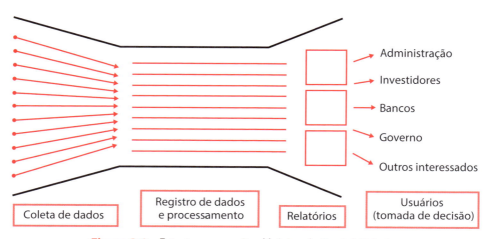

Figura 3.1 Estrutura conceitual básica da Contabilidade.

Cap. 3 • DEMONSTRAÇÕES FINANCEIRAS OU RELATÓRIOS CONTÁBEIS

Compreendendo a dificuldade e os custos para implementação dessa normatização toda, o Conselho Federal de Contabilidade criou a denominada ITG 1000 – Modelo Contábil para Microempresa e Empresa de Pequeno Porte. Nessa normativa, há uma grande simplificação para as empresas que faturam até o limite previsto na legislação do Simples Nacional, ficando obrigadas a elaborar apenas os seguintes demonstrativos contábeis:

a) Balanço patrimonial;
b) Demonstração do Resultado do Exercício.

Devem também ser mantidas Notas Explicativas.

3.7 Usuários das Demonstrações Financeiras

Pode ser considerado usuário qualquer pessoa (física ou jurídica) que tenha interesse em conhecer dados (normalmente fornecidos pela Contabilidade) de uma entidade.

As pessoas que usam as Demonstrações elaboradas pela Contabilidade para tomada de decisões são denominadas usuárias.

Vejamos alguns exemplos de usuários das Demonstrações:

Usuários das Demonstrações	
Fornecedores	Governo
Investidores	Sindicatos
Funcionários	Órgãos de classe
Bancos	Outros

3.7.1 Usuários internos (de dentro da empresa)

Os gerentes, diretores, administradores são os principais usuários. Não se concebe um administrador moderno que não disponha de um amplo banco de dados para fundamentar suas decisões.

Além dos relatórios produzidos pela Contabilidade tradicional, conhecida como Contabilidade Financeira, os administradores buscam informações mais detalhadas e diversificadas em outras fontes, uma delas é a denominada Contabilidade de Custos.

Ambas as Contabilidades (Financeira e de Custos) se prendem à legislação do país e a uma série de regras e normas. Em função disso, de acordo com a necessidade de dados mais específicos e especiais, os administradores podem reivindicar ainda uma terceira Contabilidade chamada Contabilidade Gerencial, para fins internos (não divulgada para outros usuários), feita "sob medida" para fins gerenciais, sem ser tolhida por legislações e normas contábeis.

Outro usuário interno é o funcionário da empresa. Pelas Demonstrações Financeiras, ele fica sabendo se a empresa tem potencial para pagar seu salário, para alavancar sua carreira, para lhe dar participação nos lucros etc.

Aliás, todo empregado deveria saber como maximizar o lucro de sua empresa, pois a participação no lucro por parte dos empregados é constitucional. Assim, torna-se indispensável a sua interpretação das Demonstrações Financeiras.

3.7.2 Usuários externos (de fora da empresa)

Talvez, o leitor ache estranho colocar os proprietários, os donos da empresa (sócios ou acionistas) como usuários externos e não internos. Na verdade, a figura dos donos (investidores, capitalistas) do dinheiro não se confunde com a do administrador profissional. Todavia, sobretudo na pequena empresa brasileira, os donos do capital, ainda que, na maioria dos casos, não estejam preparados para gerenciar seus negócios (nunca estudaram Administração), acabam se aventurando nessa área, parecendo não gostar muito do seu dinheiro. Daí a razão principal de haver empresas debilitadas e falências.

Seja o proprietário usuário externo ou interno, ele precisa conhecer o retorno do seu capital aplicado (o rendimento do capital empregado é maior que outros investimentos sem riscos no mercado?). Ele precisa saber a "saúde" da empresa, quanto ele vai receber de dividendos (remuneração do capital) etc.

Os bancos (instituições financeiras) e os fornecedores de bens e serviços a prazo são usuários que querem conhecer, principalmente, a saúde financeira da empresa para estabelecer limites de créditos e saber se a empresa terá condições de honrar seus compromissos.

O governo é um usuário externo muito interessado em conhecer as Demonstrações Financeiras da empresa para arrecadar tributos e ter insumos para estudos econômicos. O Instituto de Geografia e Estatística (IBGE), por exemplo, quer dados para fins estatísticos e assim sucessivamente.

Os sindicatos querem analisar as Demonstrações Financeiras das empresas onde seus afiliados trabalham.

Os clientes precisam estar seguros de que a empresa tem potencial para entregar os bens ou serviços adquiridos a fim de não comprometer suas atividades. Por isso, examinar as Demonstrações Financeiras é fundamental.

E assim por diante, outros usuários podem ter outros interesses nos demonstrativos, como: o aplicador em previdência privada quer examinar as Demonstrações da instituição que garantirá sua aposentadoria daqui a 20 anos. O comprador de um apartamento na planta quer conhecer as Demonstrações da construtora. Antes de entrar em um consórcio, o interessado deverá analisar as Demonstrações da empresa. Assim, os investidores em ações, em gado, em bancos etc. serão usuários certos das Demonstrações Financeiras.

3.8 Como confiar nas Demonstrações Financeiras?

Além da assinatura da diretoria e do contabilista, o ideal para garantir a confiabilidade das Demonstrações seria o endosso do auditor externo ou independente.

O auditor independente não tem vínculos econômicos com a empresa e, após examinar as Demonstrações Financeiras, ele dá a sua opinião, que é denominada parecer de auditoria. Nesse parecer, haverá a opinião se as Demonstrações são confiáveis ou não.

Quando não houver parecer do auditor, mas as Demonstrações forem publicadas nos jornais, de maneira geral, pode-se dar credibilidade.

3.9 Outras informações

Há outros dados importantes acerca das Demonstrações Financeiras, sobre os quais trataremos no Capítulo 6 deste livro, inclusive com uma abordagem mais ampla sobre o parecer do auditor.

EXERCÍCIOS

1. O que é um Relatório Contábil?
2. O que deve conter um Relatório completo para publicação?
3. Quais as principais Demonstrações Financeiras obrigatórias por lei a partir de 2008? Por que são obrigatórias?
4. Quais as principais características de diferenciação entre as empresas limitadas (Ltda.) e a sociedade anônima (S.A.)?
5. O que são Notas Explicativas?
6. O que é uma S.A. de capital aberto?
7. Notas Explicativas são:
   a) Demonstrações Financeiras.
   b) Complementações às Demonstrações Financeiras.
   c) Notas de complementações.
   d) Notas Introdutórias das Demonstrações Financeiras.
8. Relatórios Contábeis podem ser:
   a) Obrigatórios e não obrigatórios.
   b) Fiscais e não fiscais.
   c) Abertos e fechados.
   d) Originais e não originais.
9. Todos os Relatórios Contábeis deverão ser:
   a) Confiáveis.
   b) Ignorados.

c) Dispensados.

d) Aproximados.

10. Quais as empresas sujeitas à aplicação de todas as normas contábeis:

a) Todas as empresas.

b) Somente as sociedades anônimas.

c) Somente as sociedades limitadas.

d) As sociedades limitadas e as sociedades de grande porte.

4 Balanço Patrimonial

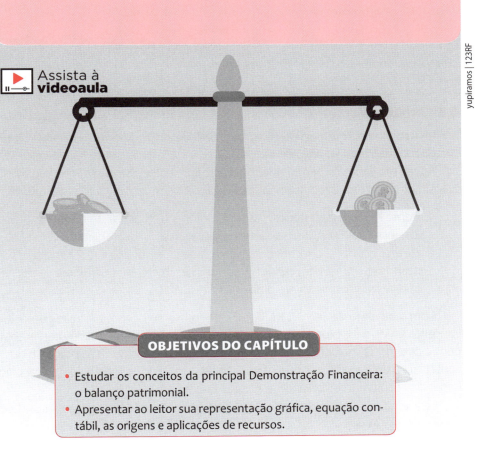

OBJETIVOS DO CAPÍTULO

- Estudar os conceitos da principal Demonstração Financeira: o balanço patrimonial.
- Apresentar ao leitor sua representação gráfica, equação contábil, as origens e aplicações de recursos.

4.1 Introdução

O balanço patrimonial é o principal Relatório Contábil de uma organização ou empresa. Com ele, identifica-se a posição financeira em determinada data do seu exercício social.

4.2 Representação gráfica

O balanço patrimonial é constituído por três grupos de contas; no lado esquerdo, consta o Ativo, que são as aplicações de recursos, e, no lado direito, dois grandes grupos de contas, o Passivo e o Patrimônio Líquido, que são origens de recursos. Vejamos o exemplo da empresa Cia. Jundiaí S.A.:

4.3 Ativo

Esse termo dá uma ideia positiva, favorável, de algo que contribui para a obtenção de produção, de vendas, de lucros.

Ativos são todos os bens e direitos de propriedade da empresa, que são avaliáveis em dinheiro e que representam benefícios econômicos presentes ou futuros.

- **Bens:** Máquinas, terrenos, estoques, dinheiro (moeda), ferramentas, veículos, instalações etc. (coisas úteis à empresa).
- **Direitos:** Contas a receber, duplicatas a receber, títulos a receber, ações, depósitos em contas bancárias, títulos de crédito etc. (normalmente são papéis que se transformarão em dinheiro).

Com o advento da Lei nº 11.638/07 e de toda a nova normatização contábil, o conceito de Ativo foi expandido e não se limita somente a uma simples definição de bens e direitos. O conceito moderno (do ponto de vista das normas, porque a teoria contábil já o definia assim) é que Ativos são recursos à disposição da empresa, cujos benefícios econômicos presentes e futuros fluam para ela.

Essa mudança conceitual retira a exigência da propriedade para o reconhecimento de um Ativo.

Assim, o *leasing* financeiro (arrendamento mercantil), que até 2007 era tratado no Brasil como aluguel, passa a ser contabilizado como Ativo para fins contábeis, embora, para fins fiscais, continua sendo considerado aluguel.

Entretanto, no sentido econômico, o *leasing* financeiro é um financiamento disfarçado de aluguel. A empresa que adquirir um equipamento de produção, uma máquina, por exemplo, poderá efetuar essa compra tanto à vista como a prazo (financiado ou via *leasing*). Ao escolher qualquer modelo de aquisição, esse bem não só trará benefícios como também trará riscos para o negócio, imprimindo à empresa o controle desse bem e, portanto, satisfazendo a "nova" definição de Ativo.

Uma empresa que possui uma marca conhecida no mercado não poderá evidenciá-la como Ativo, embora seja um bem (intangível) de sua propriedade, pois é difícil avaliá-la (a marca) monetariamente. Exceção haverá quando a marca for comprada de terceiros.

Se a empresa tiver um título a receber de uma empresa falida, este não será Ativo, pois não há possibilidade de convertê-lo em dinheiro, não trazendo benefício algum para quem o porta (veja que o título é um direito de propriedade da empresa e mensurável monetariamente, mas não lhe traz benefícios, portanto, será uma perda, e não Ativo). Se um veículo for destruído em um acidente, não será mais Ativo, pois não trará mais benefícios, não terá utilidade.

Portanto, para ser classificado como Ativo, é necessário preencher os seguintes requisitos simultaneamente:

- ser controlado pela empresa;
- ser mensurável monetariamente;
- trazer benefícios econômicos presentes ou futuros.

4.4 Passivo

Evidencia toda a obrigação (dívida) que a empresa tem com terceiros: contas a pagar, salários a pagar, fornecedores de matéria-prima (a prazo), impostos a pagar, financiamentos, empréstimos etc.

O Passivo é uma obrigação exigível, isto é, no momento em que a dívida vencer, será exigida (reclamada) sua liquidação. Por isso, é mais adequado denominá-lo Passivo Exigível.

4.5 Patrimônio Líquido

Evidencia recursos dos proprietários aplicados no empreendimento. O investimento inicial dos proprietários (a primeira aplicação) é denominado, contabilmente, capital. Se houver outras aplicações por parte dos proprietários (acionistas – S.A. ou sócios Ltda.), teremos acréscimos ao capital.

4.5.1 Outros acréscimos ao Patrimônio Líquido (PL)

O Patrimônio Líquido não só é acrescido por novos investimentos dos proprietários, mas também, como é mais comum, pelos rendimentos resultantes do capital aplicado. A esse rendimento denominamos lucro.

O lucro, resultante da atividade operacional da entidade, obviamente pertence aos proprietários que investiram na empresa (remuneração ao capital investido).

Do lucro obtido em um determinado período pela atividade empresarial, normalmente, uma parte é distribuída para os donos do capital (dividendos) e outra parte é reinvestida no negócio, isto é, fica retida (acumulada) na empresa.

A parte do lucro acumulado (retido) é adicionada ao Patrimônio Líquido. Dessa forma, as aplicações dos proprietários vão crescendo.

4.5.2 As obrigações da empresa

Na verdade, tanto o Passivo quanto o Patrimônio Líquido são obrigações da empresa. No Passivo, temos as obrigações (reclamáveis) com terceiros e, por isso, ele também é conhecido como capital de terceiros. No Patrimônio Líquido, temos as obrigações com os proprietários da empresa. Entretanto, os proprietários, por lei, não podem reclamar a restituição do seu dinheiro investido, por isso, esse grupo também é conhecido como não exigível. Ora, se o proprietário só terá seu dinheiro de volta no encerramento da empresa, podemos dizer que, em um processo de continuidade, os recursos do Patrimônio Líquido pertencem à empresa e, por essa razão, ele também é conhecido como capital próprio. Normalmente, se o proprietário quiser se retirar, vende sua parte do capital para os outros sócios ou para terceiros.

4.5.3 Equação contábil

Algebricamente, é bastante simples encontrar o Patrimônio Líquido: basta subtrair do Ativo (bens + direitos) as dívidas da empresa, ou seja, o Passivo ou Passivo Exigível.

Então:

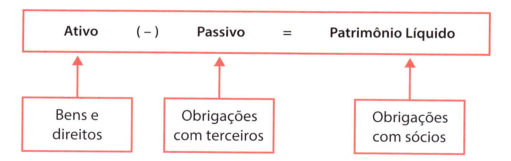

4.6 O termo "Passivo" segundo a Lei das S.A.

Pela Lei das S.A., o termo "Passivo" possui um conceito mais amplo, ou seja, todo o lado direito do quadro do balanço patrimonial. Assim, em Demonstrações Financeiras publicadas nos jornais, observamos, no cabeçalho do balanço patrimonial, os termos "Ativo" e "Passivo".

Todavia, "Passivo" tem conotação de Obrigações Exigíveis e, dessa forma, Patrimônio Líquido não fica adequadamente classificado como um subgrupo do Passivo.

4.7 Origens e aplicações de recursos

Passivo, abarcando o capital de terceiros (Passivo Exigível) como o capital próprio (Patrimônio Líquido), representa toda a fonte de recursos, toda a origem de capital. Nenhum recurso entra na empresa se não for via Passivo e Patrimônio Líquido.

Ativo é caracterizado pelas aplicações dos recursos originados no Passivo e Patrimônio Líquido. Assim, se a empresa emprestar recursos de uma instituição financeira (bancos, por exemplo), terá uma origem de recursos conhecida como Passivo. Todavia, esses recursos originados serão aplicados em algum lugar no Ativo: estoques, máquinas, caixa...

Dessa forma, fica bastante simples entender por que o Ativo será sempre igual ao Passivo, pois a empresa pode aplicar somente aquilo que tem origem. Para uma origem de $ 75.846 (Passivo + PL), haverá uma aplicação de $ 75.846 (Ativo). Vejamos um exemplo de balanço patrimonial:

Ativo	R$	Passivo + Patrimônio Líquido	R$
Bancos	12.000	**Passivo**	
Valores a receber	4.000	Salários a pagar	400
Material de escritório	3.825	Contas a pagar	9.500
Despesas antecipadas	6.783	Aluguel antecipado	7.200
Terrenos	30.000	**Patrimônio Líquido**	
Equipamentos	19.400	Capital	55.000
Depreciação acumulada	(162)	Lucro do exercício	3.746
Total	75.846	Total	75.846

4.8 Explicação do termo "balanço patrimonial"

A expressão "balanço" decorre do equilíbrio Ativo = Passivo + PL, ou da igualdade aplicações = origens. Parte-se da ideia de uma balança de dois pratos em que sempre encontramos a igualdade. Entretanto, em vez de utilizarmos o feminino "balança", utilizamos o masculino "balanço".

A expressão "patrimonial" origina-se de "patrimônio" da empresa, ou seja, o conjunto de bens, direitos e obrigações. Daí vem a expressão "Patrimônio Líquido", que significa a parte líquida do patrimônio, a riqueza líquida da empresa em um processo de continuidade, a situação líquida.

A união das duas expressões forma o termo balanço patrimonial, representando o equilíbrio do patrimônio, a igualdade patrimonial.

4.9 Requisitos do balanço patrimonial

4.9.1 *Cabeçalho*

O balanço patrimonial é composto de um cabeçalho, em que constarão:

a) denominação da empresa;
b) título da Demonstração Financeira (balanço patrimonial);
c) data de encerramento do balanço patrimonial.

4.9.2 *Corpo*

O corpo do balanço é constituído por duas colunas: a da esquerda, chamamos de Ativo, e a da direita, de Passivo e Patrimônio Líquido.

4.9.3 *Colunas comparativas*

A Lei das Sociedades por Ações dispõe que as Demonstrações de cada exercício sejam publicadas com a indicação dos valores correspondentes do exercício anterior. Assim, o balanço patrimonial, bem como todas as Demonstrações Financeiras, serão apresentados em duas colunas: exercício atual e anterior.

Essa apresentação auxilia o usuário das Demonstrações na observação da evolução de um ano para outro, ou seja, propicia a comparação de, pelo menos, dois exercícios.

4.9.4 *Redução de dígitos*

A legislação mencionada também permite que as Demonstrações Financeiras sejam publicadas com a eliminação de dígitos, principalmente em números grandes.

Assim, por exemplo, se tivermos números como $ 936.428.621, podem-se eliminar os três dígitos finais (621) e deixar apenas $ 936.428, desde que se coloque, no cabeçalho das Demonstrações, a expressão "em milhares" ou "em $ mil".

Se eliminássemos seis dígitos, colocaríamos no cabeçalho: "em $ milhões". Sem dúvida, a eliminação de dígitos facilita bastante as publicações, principalmente pela necessidade de publicá-las em duas colunas e pelos altos custos envolvidos para essas publicações obrigatórias.

4.9.5 *Visão sintética do balanço patrimonial*

Denominação da empresa: Balanço patrimonial					
Ativo			Passivo		
	Ano atual	Ano anterior	Obrigações	Ano atual	Ano anterior
Bens e direitos			Patrimônio Líquido		

Lado esquerdo — Lado direito

EXERCÍCIOS

1. Por que, quando falamos em patrimônio, precisamos relacionar as obrigações?
2. O que são bens tangíveis e intangíveis? Dê exemplos de cada um.
3. O que são bens móveis e imóveis? Cite dois exemplos de cada.
4. O que você entende por direitos a receber e qual a diferença entre direitos e dívidas (obrigações a pagar)? Cite exemplos de direitos e de obrigações comuns nas empresas.
5. Em quais situações e como é calculado o patrimônio?
6. Se o Ativo de uma empresa é de $ 300 mil e o Passivo é de $ 250 mil, qual é o valor da situação líquida (riqueza) e o montante de origem (fonte) e aplicação (uso)?
7. Explique o conceito da expressão "balanço patrimonial".
8. Quais os requisitos para reconhecimento de um Ativo na Contabilidade?
9. Qual é a diferença básica entre obrigações exigíveis e não exigíveis?
10. Conceituar Passivo e Ativo.
11. O que significa o termo "balanço"?
12. Cite a principal origem de recursos das empresas.

5 Grupo de Contas do Balanço Patrimonial

Assista à **videoaula**

OBJETIVOS DO CAPÍTULO

- Estudar os grupos de contas que compõem o balanço patrimonial.
- Apresentar os conceitos e as características de cada grupo.

5.1 Grupo de contas do Ativo

O Ativo está disposto em grupos de contas homogêneas ou de mesmas características. Os itens do Ativo são agrupados de acordo com a sua liquidez, isto é, de acordo com a rapidez com que são convertidos em dinheiro. O Ativo é dividido em dois grandes grupos: Circulante e Não Circulante.

5.1.1 *Ativo Circulante*

Para classificar um Ativo como Circulante é preciso levar em conta três critérios, primeiro a Lei das Sociedades por Ações, nº 6.404/76, que determina como critério

Cap. 5 • **GRUPO DE CONTAS DO BALANÇO PATRIMONIAL** 35

de classificação no Ativo Circulante aquilo que se realize até o final do exercício seguinte, portanto, seguindo esse critério, todos os recebíveis até o final do próximo ano serão considerados Ativo Circulante. Segundo, o pronunciamento CPC 26 que trata da apresentação das Demonstrações Contábeis e determina que o critério deva ser de até 12 meses da data do balanço. Dessa forma, por exemplo, um balanço encerrado em março deverá considerar para classificação no Ativo Circulante os recebíveis até março do ano seguinte (e não dezembro como no primeiro critério). Terceiro, ambos consideram e determinam que, se o ciclo operacional da empresa for superior a esses prazos, então ela pode adotar o prazo do ciclo operacional para classificação do Circulante. Isso ocorre em certos tipos de empresa, como, por exemplo, a indústria naval, cujo prazo entre a compra da matéria-prima, a produção e a entrega do navio para receber o contrato é superior a dois anos.

Vejamos as principais contas classificadas no Ativo Circulante: caixa (dinheiro) e equivalentes de caixa (bancos e aplicações financeiras de curto prazo), que é o item mais líquido, contas a receber, estoques, investimentos temporários.

- ***Contas a receber:*** São valores ainda não recebidos, decorrentes de vendas de mercadorias ou prestação de serviços a prazo. É possível encontrarmos outras denominações como duplicatas a receber ou clientes.

- ***Estoques:*** São mercadorias ou produtos acabados a serem vendidos, bem como matéria-prima e outros materiais secundários, que compõem o produto em fabricação.

- ***Investimentos temporários:*** São aplicações realizadas normalmente no mercado financeiro com excedente do caixa. São investimentos por um curto período, pois, tão logo a empresa necessite do dinheiro, ela se desfaz da aplicação.

- ***Despesas do exercício seguinte:*** São as despesas contraídas antecipadamente e ainda não consumidas. Certamente, essas despesas serão utilizadas dentro de um ano, tais como seguros antecipados, material de escritório (lápis, papel, clipes, grampeadores) etc. Na Contabilidade, não podemos reconhecer despesas que ainda não foram realizadas, por isso elas ficam nessa conta, "guardadas" no Ativo, para que, quando for apropriado, sejam transferidas para o resultado do exercício. Por exemplo, o seguro do prédio da empresa, pago à vista, feito de junho a maio do ano seguinte, nesse ano somente poderemos reconhecer as despesas a ele pertencentes (dezembro), o saldo fica nessa conta e, no próximo ano, é transferido paulatinamente para despesa.

5.1.1.1 Deduções do Circulante

São permitidas contas redutoras no Ativo para que façam ajustes necessários em contas, a fim de que estas, de fato, representem a realidade econômica da empresa. Vejamos algumas em que isso pode ocorrer:

- **Contas a receber:** A parcela, estimada pela empresa, que não será recebida, em decorrência dos maus pagadores, deverá ser subtraída de contas a receber e designada com o título de provisão para devedores duvidosos. Embora essa provisão não tenha valor para fins fiscais, é importante para fins gerenciais.
- **Estoques:** Em atividades econômicas com características especiais é possível haver desvalorização do valor econômico dos estoques; isso ocorre geralmente quando se trata de *commodities*. Dessa forma, também deve-se provisionar um ajuste para corrigir o valor contábil dos estoques, é o chamado PAE – Provisão de Ajuste dos Estoques.

5.1.2 *Ativo Não Circulante*

O Ativo Não Circulante é um grupo formado pelos bens de natureza duradora, assim como também pelos direitos, ou seja, por valores a receber, garantindo o bom funcionamento da empresa e de seu negócio.

O Ativo Não Circulante é composto por quatro subgrupos: realizável a longo prazo, investimentos, imobilizado e intangível.

A classificação nesse grupo também deve ser feita de acordo com três critérios. A Lei das Sociedades por Ações, nº 6.404/76, determina como critério de classificação no Ativo Não Circulante aquilo que se realizará depois do final do exercício seguinte. Portanto, seguindo esse critério, todos os recebíveis que ocorrerem depois do final do próximo ano serão considerados Ativo Não Circulante. O pronunciamento técnico CPC 26, que trata sobre a apresentação das Demonstrações Contábeis, determina que o critério deva ser de 12 meses após a data do balanço, dessa forma, por exemplo, um balanço encerrado em março deverá considerar para classificação no Ativo Não Circulante os recebíveis de depois de março do ano seguinte.

Vamos detalhar um pouco mais os grupos do Ativo Não Circulante:

Realizável a longo prazo

São Ativos de menor liquidez (transformam-se em dinheiro mais lentamente) que o Circulante.

Critérios de avaliação a valor presente

A Lei nº 11.638/07 determina que os elementos do Ativo, decorrentes de operações de longo prazo, serão ajustados a valor presente, sendo os demais ajustados somente quando houver efeito relevante.

Cap. 5 • **GRUPO DE CONTAS DO BALANÇO PATRIMONIAL** **37**

O Valor Presente (Valor Atual), bastante utilizado em Matemática Financeira, é conceituado como a determinação do valor de um recebimento futuro em moeda atual (hoje).

Esse processo é viabilizado tomando-se o montante a receber no futuro, descontado a uma taxa de juros apropriada. Assim, considera-se o conceito de valor do dinheiro no tempo presente ou atual: por exemplo, $ 500 mil hoje não valerão $ 500 mil daqui a dois anos. O que se compra com $ 500 mil hoje não se comprará, com o mesmo valor, daqui a dois anos.

Admitindo-se, então, que uma empresa efetuou uma venda a prazo por $ 500 mil para receber daqui a dois anos, esse mesmo exemplo vale para curto prazo, desde que haja um efeito relevante nos resultados.

Por exemplo, se a empresa vendesse à vista, o valor a ser cobrado seria de $ 400 mil. Assim, pressupõe-se que os $ 100 mil acrescidos referem-se a juros (encargos financeiros futuros) pelo período de espera. Se fossem aplicados $ 400 mil hoje, em 2 anos, eles equivaleriam a $ 500 mil = custo de oportunidade. Nesse caso, não precisa ser dado um desconto, já que se conhece o valor à vista.

Observa-se, como ilustração, que a Empresa Jundiaí efetuou uma venda, no valor de $ 500 mil, a prazo, para receber em 30 dias. Se fosse vender à vista, seriam $ 470 mil. Nesse caso, há a necessidade de um ajuste no valor presente, por considerar que houve um efeito relevante.

1. No ato da venda – Empresa Jundiaí.

Balanço patrimonial		Demonstração do Resultado Exercício	
Ativo		Receita bruta	500.000
Circulante ou RLP		(–) Despesa ajuste V. P.	(30.000)
Duplicatas a receber	500.000		470.000
(–) Provisão ajuste V. P.	30.000		
	470.000		
O Registro do Ajuste a Valor Presente é uma forma contábil de adequar os rendimentos financeiros das vendas a prazo ao Regime de Competência.			

2. Passado o prazo concedido, a empresa registrará um acréscimo de $ 30.000, no seu recebível, e uma receita financeira nesse mesmo montante, equivalente ao custo do dinheiro do tempo transcorrido em que o cliente foi financiado.

Duplicatas a receber		Caixa/Bancos	
(1) 500.000	500.000 (4)	(4) 500.000	

Provisão ajuste a VP		Receita financeira	
(3) 30.000	30.000 (2)		30.000 (3)

Se for um recebimento de duplicatas a longo prazo, haverá a necessidade de uma atualização da receita financeira, conforme o prazo de recebimento das duplicatas (Regime Competência).

Tanto o Ativo, decorrente de operações de longo prazo, como o Passivo (obrigações, encargos e riscos, classificados no Passivo a longo prazo) serão ajustados ao seu valor presente (esse mesmo assunto será mais bem desenvolvido quando se discorrer sobre o Passivo).

Investimentos

São participações (que não se destinam à venda) em outras sociedades e outras aplicações de característica permanente que não se destinam à manutenção da atividade operacional da empresa, tais como: terrenos, imóveis alugados a terceiros (não de uso, mas para renda), obras de arte etc.

Imobilizado (tangíveis)

São aplicações que tenham por objetivo bens corpóreos (palpáveis) destinados à manutenção da atividade principal da empresa ou exercidos com essa finalidade, inclusive os decorrentes de operações que transfiram à empresa os benefícios, riscos e controle desses bens. Os bens que auxiliam a empresa na consecução de sua atividade pertencem ao imobilizado, tais como: imóvel (onde está sediada a empresa), instalações, móveis e utensílios, veículos, máquinas e equipamentos etc.

Intangível

São direitos que tenham por objeto bens incorpóreos, isto é, que não têm substância física, não são palpáveis, não se podem tocar, destinados à manutenção da empresa ou exercidos com essa finalidade, inclusive o fundo de comércio adquirido. Exemplos: fundo de comércio, marcas e patentes, *software*, direitos autorais etc.

5.1.2.1 Deduções do Não Circulante

Neste grupo também existem contas redutoras que têm a finalidade de ajustar o valor contábil de bens e direitos para o seu valor econômico, tais como:

- *Imobilizado:* Os bens tangíveis, com o passar do tempo, vão sofrendo deterioração física ou tecnológica e, dessa forma, vão perdendo a sua eficiência funcional. Essa perda vai sendo acumulada, de forma aproximada, na conta depreciação acumulada. Quando se tratar de recursos naturais (jazidas, reflorestamento, poço de petróleo...) denominamos aquela diminuição de exaustão acumulada.

- **Intangíveis:** Quando se tratar de bens intangíveis (marcas, patentes, direitos autorais, benfeitorias em imóveis de terceiros...), denominamos a diminuição do valor de amortização acumulada.

5.2 Grupo de contas do Passivo

O Passivo agrupará contas de acordo com o seu vencimento, isto é, aquelas contas que serão liquidadas mais rapidamente integrarão um primeiro grupo. Aquelas que serão pagas em um prazo mais longo formarão outro grupo.

Há uma analogia com o Ativo em termos de liquidez decrescente, só que, nesse caso (Ativo), aparecerão as contas que se converterão mais rapidamente em dinheiro e, por outro lado, no Passivo, serão destacadas, prioritariamente, as contas que deverão ser pagas mais rapidamente.

5.2.1 Passivo Circulante

São as obrigações normalmente pagas em um curto prazo: contas a pagar, dívidas com fornecedores de mercadorias ou matérias-primas, os impostos a recolher (para o governo), salários de funcionários, os empréstimos bancários de curto prazo, as provisões (são as despesas incorridas, geradas, ainda não pagas, mas já reconhecidas pela empresa: Imposto de Renda, férias, 13º salário etc.).

Da mesma maneira que o Ativo Circulante, a classificação no Passivo Circulante se dá por três critérios: o da Lei das Sociedades por Ações, em que serão classificados no Circulante obrigações vencíveis até o final do exercício seguinte; o CPC 26 – Apresentação das Demonstrações Contábeis –, que determina que sejam classificadas obrigações vencíveis até 12 meses da data do balanço. E ambos aceitam que, se o ciclo operacional da empresa for maior que esses prazos, as obrigações podem ser classificadas no Passivo Circulante no tempo desse ciclo.

5.2.2 Passivo Não Circulante

Pertencem a esse grupo as obrigações das empresas, incluindo os financiamentos para aquisição dos bens do Ativo Não Circulante. Classificam-se ainda nesse grupo as dívidas que vencerão depois dos prazos mencionados no item anterior.

5.2.3 Dívidas ajustadas a Valor Presente

A Lei nº 11.638/07 inova a avaliação do Passivo (também valendo para o Ativo, considerando o realizável a longo prazo), explicitando que as obrigações, encargos e riscos classificados no Passivo Exigível a Longo Prazo serão ajustados ao seu Valor Presente.

CONTABILIDADE PARA EXECUTIVOS | Marion • Cardoso • Rios

Essa regra vale também para Passivo Circulante (idem Ativo Circulante), quando houver efeito relevante.

Esse ajuste do Valor Presente já havia sido introduzido pela Comissão de Valores Mobiliários (CVM), por meio da Instrução Normativa 192, de 15 de julho de 1992, para as companhias abertas. Todavia, no ano seguinte, essa instrução foi revogada.

Considerando-se, por exemplo, que a Empresa Jundiaí adquire mercadorias, a prazo, por $ 1.000.000 para pagar daqui a 2 anos, o valor mais provável de juros seria de $ 200.000, referentes a encargos financeiros. A contabilização efetuar-se-ia considerando o valor à vista de mercadorias:

Mercadorias	Fornecedores	Provisão para Ajuste a Valor Presente (PC)
(1) 800.000	1.000.000 (1)	(1) 200.000

Ativo		Passivo	
Circulante		Não Circulante	*800.000*
Mercadorias	800.000	Fornecedores	1.000.000
		(–) Prov. Aj. V.P.	–200.000

Ao analisar os dados financeiros dessa aquisição de mercadorias efetuada pela Empresa Jundiaí, no final do primeiro ano, constata-se, por meio dos cálculos financeiros, que o Ajuste a Valor Presente seria de $ 110.000, e não mais $ 200.000. Nesse caso, serão contabilizados os encargos financeiros de $ 90.000, pelo tempo transcorrido. Portanto, pelo Regime de Competência dever-se-á apropriar esse encargo:

Provisão para Ajuste a Valor Presente (PC)		Despesa financeira
(1) 200.000	90.000 (2)	90.000 (2)
110.000		

No final do 1º ano			No final do 1º ano	
Ativo	Passivo		DRE	
Circulante	Circulante e/ou Não Circulante	890.000	Receita	xxxx
Mercadorias xxxx	Fornecedores	1.000.000	(–) Custos/Despesas	xxxx
	(–) Prov. Aj. V.P.	(110.000)	Despesa financeira	(90.000)

O encargo relacionado à obrigação (fornecedores) será contabilizado como despesa financeira (financiamento da compra) na DRE, em uma base *pro rata temporis*.

Opta-se em classificar as despesas financeiras decorrentes do Ajuste Valor Presente como despesas operacionais. No caso de vendas a prazo, a opção é classificar a receita financeira também no grupo das despesas operacionais.

Porém, essas despesas financeiras, bem como a provisão para Ajuste a Valor Presente, poderiam ser distribuídas diretamente às contas de mercadorias (BP) e à conta de mercadoria vendida (Resultado). O mesmo raciocínio pode ser aplicado nas vendas a prazo, resultando em vendas, na Demonstração de Resultado, e em contas a receber, no Ativo.

Observa-se, por fim, na liquidação dessa conta fornecedores, a seguinte contabilização:

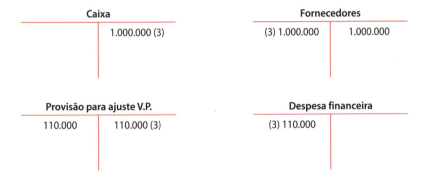

5.2.4 Patrimônio Líquido

O Patrimônio Líquido, que representa todos os investimentos dos proprietários da empresa, pode ser encontrado no balanço patrimonial por meio da diferença entre Ativo e Passivo Exigível. Entende-se como Passivo todo o lado direito do balanço patrimonial, constituído de: Passivo Circulante, Passivo Não Circulante e Patrimônio Líquido.

Importante ressaltar que a Lei das Sociedades por Ações, nº 11.638/07, alterou a constituição do Patrimônio Líquido, considerando:

- capital social;
- reservas de capital;
- ajustes de avaliação patrimonial;
- reservas de lucros;
- prejuízos acumulados;
- reserva de incentivos fiscais;
- ações em tesouraria.

Para as empresas sujeitas a essa mesma lei, foi abolida a conta lucros acumulados (lucro sem destino), ficando apenas prejuízos acumulados. As demais empresas podem continuar com a conta lucros ou prejuízos acumulados.

Nesse de grupo de contas do Patrimônio Líquido, podem-se observar as reservas, que serão estudadas no capítulo sobre Demonstração dos Lucros e Prejuízos Acumulados.

EXERCÍCIOS

1. Ordenar os grupos de contas:
   a) É optativo.
   b) É obrigatório.
   c) É proibido.
   d) Facilita a análise de balanço.
2. Curto prazo, normalmente, significa:
   a) Período de até 8 meses.
   b) Período de 12 meses da data do balanço.
   c) Período superior a 12 meses.
   d) Período superior a 36 meses.
3. Provisões para devedores duvidosos são deduções de:
   a) Ativo Circulante.
   b) Passivo Circulante.
   c) Ativo Diferido.
   d) Patrimônio Líquido.
4. O Ativo Circulante também é conhecido como:
   a) Capital de movimentação.
   b) Capital corrente fixo.
   c) Capital de giro próprio.
   d) Capital em giro.
5. Ativo Não Circulante divide-se em:
   a) Investimentos, imobilizado, intangível e diferido.
   b) Realizável a longo prazo, investimentos, imobilizado e intangível.
   c) Realizável a longo prazo, investimentos, imobilizado e diferido.
   d) Investimentos, imobilizado e diferido.
6. Um empréstimo obtido com um prazo de 6 anos será classificado como:
   a) Realizável a longo prazo.
   b) Ativo Não Circulante.
   c) Ativo Circulante.
   d) Patrimônio Líquido.

Cap. 5 • GRUPO DE CONTAS DO BALANÇO PATRIMONIAL 43

7. O que é Ativo Circulante?
8. Cite três contas que são classificadas no Passivo Circulante.
9. Quais são os dois tipos principais de deduções do Ativo Circulante?
10. Conceitue depreciação.

6 Notas Explicativas e Evidenciações

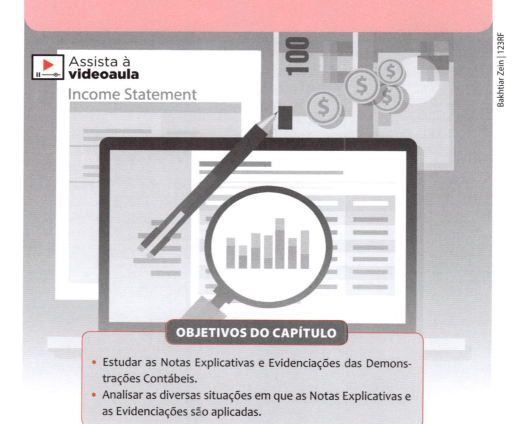

OBJETIVOS DO CAPÍTULO

- Estudar as Notas Explicativas e Evidenciações das Demonstrações Contábeis.
- Analisar as diversas situações em que as Notas Explicativas e as Evidenciações são aplicadas.

Além das Demonstrações Financeiras já estudadas, a Contabilidade adiciona outras informações complementares a fim de enriquecer os relatórios e evitar que se tornem enganosos.

Tais informações devem ser destacadas no sentido de auxiliar o usuário das Demonstrações Financeiras a entendê-las melhor. As evidenciações destacadas devem ser relevantes quantitativa e qualitativamente.

Quando ocorre mudança nos procedimentos contábeis, de um ano para o outro, ela deve ser destacada se sua repercussão no resultado for relevante (significativa). As

Cap. 6 • **NOTAS EXPLICATIVAS E EVIDENCIAÇÕES** 45

evidenciações, também chamadas de *disclosure*, podem estar mencionadas na forma descritiva, em quadros analíticos suplementares ou de outras formas.

As principais evidenciações são:

1. Notas Explicativas;
2. Quadros analíticos suplementares;
3. Informações entre parênteses;
4. Comentários do auditor;
5. Relatório da diretoria e outras evidenciações.

Com o advento das novas normas brasileiras de Contabilidade, os pronunciamentos técnicos (CPCs) aumentaram consideravelmente a quantidade de exigências de divulgações. No final de cada um deles, há uma seção específica para esse fim.

6.1 Notas Explicativas

Apesar de as Notas Explicativas, também chamadas de Notas de Rodapé, já serem obrigatórias para as sociedades anônimas de capital aberto, a nova Lei das Sociedades por Ações estende sua obrigatoriedade aos outros tipos societários, estabelecendo que as Demonstrações serão complementadas por Notas Explicativas e outros quadros analíticos ou Demonstrações Contábeis necessários para esclarecimento da situação patrimonial e dos resultados do exercício.

Conforme imposição legal, as Notas Explicativas devem indicar:

1. *Os principais critérios de avaliação dos elementos patrimoniais*, especialmente estoques, dos cálculos de depreciação, amortização e exaustão, de constituição de provisões para encargos ou riscos e dos ajustes para atender a perdas prováveis na realização de elementos do Ativo.

   Expressar as principais práticas contábeis (critérios) significa informar aos usuários das Demonstrações Financeiras o *modus operandi* da Contabilidade, o que propicia melhor abordagem da situação econômico-financeira da empresa. A seguir, apresentamos os principais critérios de avaliação:

   a) Os critérios de avaliação de estoques consideram, principalmente:
      - preço médio;
      - Lifo (UEPS);
      - Fifo (PEPS).

   b) Para os bens sujeitos à *depreciação*, é indispensável que no laudo de avaliação haja a indicação da vida útil econômica remanescente, visando à definição das futuras taxas de depreciação utilizadas nos principais Ativos e o método de depreciação aplicado (linha reta, taxas decrescentes, de Cole etc.).

c) Os critérios utilizados para determinar *amortização e exaustão* são os gastos de implantação, reorganização e outros diferidos.

d) A base de contabilização da *provisão para encargos* deve considerar Imposto de Renda, férias, gratificação a empregados etc.

e) A base de contabilização da *provisão para riscos* deve considerar principalmente os devedores duvidosos (limite legal, média dos últimos anos etc.).

f) A base de contabilização de *ajustes para atender a perdas prováveis na realização de elementos do ativo* é considerada quando o valor de mercado for menor que o custo de:

- valores mobiliários (não classificados como investimentos);
- matérias-primas, produtos em fabricação, produtos acabados, mercadorias (comércio) e bens em almoxarifado;
- investimentos em participação no capital social de outra sociedade e os demais investimentos.

g) A *avaliação dos elementos patrimoniais* tem como critérios os investimentos (custo ou equivalência patrimonial); os Passivos (empréstimos, financiamentos com ou sem variação cambial) etc.

2. *Os ônus reais constituídos sobre elementos do Ativo, as garantias prestadas a terceiros e outras responsabilidades eventuais ou contingentes.* Os ônus reais e as garantias decorrem, geralmente, dos empréstimos e financiamentos por instituições financeiras ou pelo próprio fornecedor: hipoteca dos bens financiados, alienação fiduciária, penhora etc. Devem também ser declarados outros itens oferecidos em garantia de empréstimos: estoques, duplicatas a receber, máquinas etc. As responsabilidades eventuais ou contingentes decorrem de causas trabalhistas, contingências físicas que representam riscos de perdas (oriundas de autuações fiscais).

3. A *taxa de juros, as datas de vencimento e as garantias das obrigações a longo prazo* devem ser destacadas da seguinte forma:

Instituições financeiras (financiador)	Saldo do contrato	Data de vencimento	Taxa de correção	Variação cambial	Garantias oferecidas	Valor de parcelas controladas e não liberadas

Cap. 6 • NOTAS EXPLICATIVAS E EVIDENCIAÇÕES — 47

4. O *número, as espécies e as classes das ações do capital social*. Conforme a Lei das Sociedades por Ações, o capital social poderá ser constituído das seguintes ações:

a) Quanto ao valor nominal
{ Ações com valor nominal
{ Ações sem valor nominal

b) Quanto às espécies
{ Ordinárias (com direito a voto)
{ Preferenciais (sem direito a voto)

c) Quanto à diversificação de classes,[1] esta só é permitida para
{ Ordinárias (cia. fechada)
{ Preferenciais (cia. aberta):
{ - Classe A
{ - Classe B
{ - Classe C
{ - ....
{ - ....

d) Quanto à forma
{ Nominativas
{ Endossáveis

Combinações possíveis:

- ON – Ordinária Nominativa;
- OE – Ordinária Endossável;
- PN – Preferencial Nominativa;
- PE – Preferencial Endossável.

5. *As opções de compra de ações outorgadas e exercidas no exercício*. A companhia pode emitir, dentro do limite de aumento do *capital autorizado* no estatuto, títulos negociáveis, denominados "bônus de subscrição".

Esses bônus conferem aos seus titulares, nas condições constantes do certificado, direito de subscrever ações do capital social, que será exercido mediante apresentação do título à companhia e pagamento do preço de emissão das ações.

Os bônus de subscrição são alienados pela companhia, ou por ela atribuídos, como vantagem adicional aos subscritores de suas ações ou debêntures.

6. *Os principais ajustes de exercícios anteriores* referem-se à mudança de critérios contábeis (quebra da consistência) e à retificação de erro imputável a determinado exercício anterior, que não possam ser atribuídos a fatos subsequentes. Observa-se, neste caso, que devem aparecer em Notas Explicativas

---

[1] Para cada classe poderá ser estipulado dividendo diferenciado, direto (ou não) de substituição de novas ações etc.

as mudanças de critérios que interferiram no resultado do exercício de forma relevante.

Quanto à mudança de critério contábil, ocorre com mais frequência:

- Avaliação de estoques: preço médio × Fifo;
- Avaliação de investimentos: método de custo × equivalência patrimonial;
- Depreciação: taxa fixa × taxa decrescente.

Quanto aos erros imputáveis a exercícios anteriores, estes ocorrem, principalmente, na contagem do estoque e no cálculo em geral etc.

7. *Os eventos subsequentes à data de encerramento do exercício que tenham, ou possam vir a ter, efeito relevante sobre a situação financeira e sobre os resultados futuros da companhia*. Suponha-se que, logo após o encerramento do balanço (mas antes de sua publicação), ocorra um incêndio na fábrica. Sem dúvida, tal fato alterará o andamento normal das operações da empresa. O analista financeiro considerará esse aspecto em seu parecer. Aspectos como dias de paralisação, cobertura de seguros, prejuízos estimados etc. devem ser evidenciados em Notas Explicativas. Também, no cálculo da taxa de retorno sobre investimentos (lucro líquido/Ativo), adiciona-se ao Ativo o valor dos bens arrecadados, obtendo-se, assim, índices mais próximos da realidade.

A Nota Explicativa sobre *leasing* deverá ter a estrutura demonstrada a seguir:

Bens arrendados	Valor contratual	Prazo do contrato	Prestações (aluguéis a vencer)		Valor residual
			Nº	*Valor*	

6.2 Quadros analíticos e suplementares

Alguns quadros analíticos estão contidos nas próprias Notas Explicativas, por exemplo, os casos do detalhamento dos tipos de ações que compõem o capital social, o quadro de taxa de juros, as datas de vencimento, as garantias das obrigações a longo prazo etc.

Nos quadros suplementares são apresentados pormenores que não eram relevantes no corpo das Demonstrações Financeiras, entre eles:

a) *Composição dos estoques*

Matérias-primas ....

Produtos em andamentos ....

Produtos acabados ....

Almoxarifado ....

Peças de reposição ....

Etc. ....

b) *Composição do Ativo Imobilizado*

Terrenos		....
Edifícios	....	
(–) Depreciação acumulada	(....................)	....
Máquinas	....	
(–) Depreciação acumulada	(....................)	....
Veículos	....	
(–) Depreciação acumulada	(....................)	....
....	....	....
....	....	....

Construções em andamento ....

Importação em andamento ....

Etc. ....

c) *Projetos em execução*

Projeto A → Prazo de entrega ....

Capacidade de produção ....

Custos estimados × Custo real ....

Financiamentos obtidos ....

Etc. ....

Projeto B → _____ ....

_____ ....

_____ ....

d) *Demonstrações Financeiras avaliadas a preço de reposição etc.*

6.2.1 Informações entre parênteses

Normalmente são anotações curtas que compõem o próprio corpo das Demonstrações Financeiras para evidenciar mais informações.

Circulante
Caixa e equivalentes
Caixa
 Bancos c/ movimento ....
 Aplicações financeiras **(CDB)**

Créditos
Duplicatas a receber ....
Títulos a receber **(Venda de imóveis)**
Estoques **(PEPS)**

_____ ....
_____ ....

6.3 Comentários do auditor

Para maior segurança do usuário, as empresas auditadas apresentam o parecer do auditor, em que se expressa haver um exame nas Demonstrações Financeiras, efetuado de acordo com os padrões de auditoria geralmente aceitos.

O auditor emite sua opinião, informando se as Demonstrações Financeiras representam, adequadamente, a situação patrimonial e a posição financeira na data do exame. Informa se as Demonstrações Financeiras foram levantadas de acordo com as Normas Brasileiras de Contabilidade.

Muitas vezes, ocorre que informações contidas nos comentários do auditor já constam das Notas Explicativas. Essa dupla evidenciação vem trazer maior segurança para o usuário das Demonstrações Financeiras.

As Demonstrações Financeiras das companhias abertas serão obrigatoriamente auditadas por auditores independentes, registrados na Comissão de Valores Mobiliários.

6.3.1 Qualidade do parecer de auditoria

O parecer de auditoria refere-se à auditoria externa, isto é, independente, sem nenhum vínculo com a empresa.

Quando tratamos de auditoria interna, os auditores são empregados da empresa, responsáveis pelo controle nterno dela.

O auditor externo não pode, sequer, ter um parente que tenha vínculo empregatício com a empresa. Se isso acontecer, ele perderá sua independência.

A auditoria externa pode ser realizada por pessoa física (autônomo em Contabilidade) ou pessoa jurídica (escritório ou empresa de auditoria).

Normalmente, o parecer de pessoa jurídica é mais confiável, já que esta tem uma preocupação maior com a manutenção de seu nome e tem oportunidade constante de intercâmbio, treinamento dos auditores, recursos tecnológicos mais avançados etc.

Uma das formas de avaliar se o parecer é confiável é identificar se a empresa de auditoria não está demasiadamente dependente de um único cliente.

Diz-se que o fato de a empresa de auditoria ter um cliente que represente mais que 2% de seu faturamento já é comprometedor, tornando-se uma ameaça para sua independência econômica.

Imagine, por exemplo, um grande banco contratando uma pequena empresa de auditoria. Esta se estrutura em função do grande cliente. Entretanto, no momento em que precisar fazer uma ressalva no parecer referente às Demonstrações Financeiras do grande cliente, poderá encontrar problemas se este estiver disposto a ocultar informações aos usuários. A pequena empresa correrá o risco de ficar sem o cliente e, em consequência disso, comprometer seu futuro, já que ela é altamente dependente desse grande cliente.

Dessa forma, um dos pontos básicos é avaliar a participação dos clientes da empresa de auditoria em seu faturamento. De maneira geral, as grandes empresas de auditoria (nacional e multinacional) não são alvos de problemas desse tipo.

6.3.2 *O relatório do auditor independente*

O relatório do auditor independente sofreu alterações a partir de 31 de dezembro de 2016. As alterações foram promovidas para atender a demandas dos usuários, em especial investidores, que tinham interesse em melhorar a qualidade da informação, especialmente em relação a:

- mais informações sobre a auditoria;
- informações relevantes e úteis para a tomada de decisões – menos genérico;
- áreas mais complexas ou de julgamento significativo;
- escopo do trabalho do auditor.

Entre as principais mudanças estão:

1. Opinião do auditor passa a ser a primeira seção do relatório.
2. Descrição alterada das responsabilidades da administração e do auditor.
3. Conclusão sobre a adequada aplicação da continuidade operacional e se há ou não dúvidas significativas a respeito da capacidade de a companhia continuar em operação.

4. Declaração explícita de independência do auditor em relação aos princípios éticos relevantes e de cumprimento dos demais requisitos aplicáveis do Código de Ética.
5. Descrição do trabalho executado pelo auditor sobre as outras informações e as respectivas conclusões.
6. Descrição dos Principais Assuntos de Auditoria (PAAs).
7. Divulgação do nome do sócio no trabalho.

Os itens 6 e 7 são obrigatórios apenas para empresas listadas na Bolsa de Valores.

Dessa forma, a nova estrutura do relatório do auditor fica assim disposta:

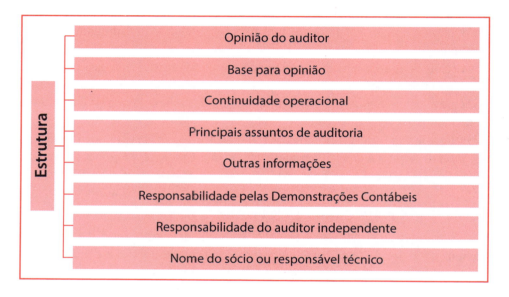

6.3.2.1 Opinião do auditor

Nesta seção, a primeira do relatório, deve estar a opinião do auditor. Quando o auditor concluir que as Demonstrações Contábeis foram elaboradas, em todos os aspectos relevantes, de acordo com o relatório financeiro aplicável, ele deverá expressar uma opinião chamada de "não modificada".

Quando expressar uma opinião não modificada sobre as Demonstrações Contábeis, o auditor deverá, segundo a norma NBC TA 700, utilizar uma das seguintes frases:

- "Em nossa opinião, as Demonstrações Contábeis apresentam adequadamente, em todos os aspectos relevantes, de acordo com [a estrutura de relatório financeiro aplicável]"; ou

- "Em nossa opinião, as Demonstrações Contábeis apresentam uma visão verdadeira e justa... de acordo com [a estrutura de relatório financeiro aplicável]".

O auditor deve modificar sua opinião quando:

a) concluir, com base em evidência de auditoria obtida, que as Demonstrações Contábeis tomadas em conjunto apresentam distorções relevantes; ou
b) não conseguir obter evidência de auditoria apropriada e suficiente para concluir que as Demonstrações Contábeis tomadas em conjunto não apresentam distorções relevantes.

Nesse caso, se existir incerteza significativa, o auditor deverá:

- criar um parágrafo em seção específica, que, no caso de entidades listadas em Bolsa de Valores, deve ser tratado no tópico "Principais Assuntos de Auditoria";
- elaborar relatório com ressalva ou adverso;
- elaborar relatório com abstenção de opinião.

6.3.2.2 Base para opinião do auditor

É a segunda seção do relatório e deve:

- Declarar que a auditoria foi conduzida em conformidade com as normas de auditoria.
- Referenciar a seção que descreve as responsabilidades do auditor, segundo as normas de auditoria.
- Incluir a declaração de que o auditor é independente da entidade de acordo com as exigências éticas relevantes relacionadas com a auditoria e que ele atendeu às outras responsabilidades éticas do auditor de acordo com essas exigências. A declaração deve identificar a jurisdição de origem das exigências éticas relevantes ou referir-se ao Código de Ética.
- Declarar se o auditor acredita que a evidência de auditoria obtida por ele é suficiente e apropriada para fundamentar sua opinião.

6.3.2.3 Principais assuntos de auditoria

Seção obrigatória apenas para as companhias listadas em Bolsa de Valores, deve tratar de assuntos que, de acordo com o *julgamento profissional do auditor*, foram *mais relevantes* na auditoria das Demonstrações Financeiras do *período atual*. Estes são selecionados a partir de assuntos comunicados aos responsáveis pela governança corporativa.

Como exemplo, podem ser fatos ou transações que têm efeitos significativos sobre as Demonstrações Contábeis ou sobre a própria auditoria, áreas com alto risco de distorção relevante, áreas que envolvam julgamento significativo da administração etc.

Para identificar um PAA, devemos considerar assuntos:

- comunicados aos responsáveis por governança;
- que exigiram atenção significativa do auditor;
- de maior importância para a auditoria.

A descrição dos PAAs deve:

- ser específica para cada cliente;
- estar baseada em fatos;
- conter detalhes suficientes;
- conter informação relevante;
- ser concisa e evitar jargão técnico;
- ser clara e compreensível.

O assunto não deverá ser divulgado quando houver lei ou regulamento que proíba e, também, quando em raras situações, o auditor verificar que a divulgação de determinado assunto poderá causar consequências adversas.

6.4 Relatório da administração ou diretoria

São informações normalmente de caráter não financeiro, que abrangem:

- dados estatísticos diversos;
- indicadores de produtividade;
- desenvolvimento tecnológico;
- a empresa no contexto socioeconômico;
- políticas diversas: recursos humanos, exportação etc.;
- expectativas relativas ao futuro;
- dados do orçamento de capital;
- projetos de expansão;
- desempenho em relação aos concorrentes, balanço social etc.

Essas informações seriam mais significativas se não houvesse um excesso de otimismo (inconsequente), como frequentemente se observa.

Os administradores da companhia aberta são obrigados a comunicar imediatamente à Bolsa de Valores e a divulgar, pela imprensa, qualquer deliberação da assembleia geral ou dos órgãos de administração da companhia, ou qualquer outro fato relevante ocorrido em seus negócios, que possa influir, de modo ponderável,

Cap. 6 • NOTAS EXPLICATIVAS E EVIDENCIAÇÕES **55**

na decisão dos investidores do mercado de vender ou comprar valores mobiliários (ações ou títulos de crédito) emitidos pela companhia.

Por fim, cabe-nos ainda alertar sobre a necessidade de apresentar evidenciações em dosagens adequadas. Não se deve ocultar informações que favoreçam os usuários no sentido de melhor analisar a tendência da empresa, também não fornecer informações demasiadamente resumidas, que pouco (ou nada) esclareçem; muito menos fornecer excesso de informações, pondo a perder, assim, a objetividade do relatório.

EXERCÍCIOS

1. A Cia. Bombinhas é uma pequena indústria de fogos de artifício que, no final do seu primeiro exercício social, elaborou as Demonstrações Financeiras que lhe eram exigidas pela legislação (para ela, a DOAR não era obrigatória), bem como as Notas Explicativas e um relatório da diretoria. Os auditores independentes (mesmo pequena, ela os contratou) estavam surpresos com a organização da empresa, com a fidedignidade de seus controles e das cifras expressas nas Demonstrações, nas Notas Explicativas e no próprio relatório da diretoria. Emitiram um parecer de auditoria, com os seguintes trechos:

   "Examinamos as Demonstrações Financeiras previstas na Lei das Sociedades por Ações preparadas pela Cia. Bombinhas e relativas ao exercício findo em...

   [...]

   As cifras apresentadas no balanço patrimonial e na Demonstração do Resultado do Exercício espelham as operações realizadas pela Cia. Bombinhas e são compatíveis com as de outras empresas do ramo, inclusive no que diz respeito aos indicadores de rentabilidade da empresa...

   [...]

   Em nossa opinião, as Demonstrações Financeiras mencionadas no início foram elaboradas de acordo com as normas brasileiras de Contabilidade, aplicadas de maneira consistente em relação ao exercício anterior."

   Comente o que julgar necessário a respeito do parecer da auditoria apresentado.

2. "Quadros analíticos" são considerados *evidenciações* às Demonstrações Financeiras:

   a) apenas se contidos no "relatório da diretoria".

   b) apenas se forem colocados entre parênteses.

   c) quer estejam contidos nas "Notas Explicativas", quer estejam contidos no "relatório da diretoria".

   d) apenas se contidos nas "Notas Explicativas".

3. As sociedades anônimas que possuem auditoria externa, independentemente de não serem legalmente obrigadas a possuí-la:

   a)   podem, se desejarem, não publicar o parecer da auditoria externa.

CONTABILIDADE PARA EXECUTIVOS | Marion • Cardoso • Rios

b) devem, por força da Lei nº 6.404/76, publicar o parecer da auditoria externa.

c) devem publicar o parecer da auditoria externa, salvo se existir parecer do conselho fiscal, caso em que este substitui aquele.

d) nenhuma das alternativas anteriores é correta.

4. A Cia. Preciosa é comercial típica e, em seu balanço patrimonial de 31-12-X8, o Ativo Imobilizado representa 20% do total do Ativo. Alguns dos equipamentos de escritório de que ela se utiliza são arrendados (*leasing*) e, se avaliados a preços de aquisição da data daquele balanço, representariam 20% do Ativo Imobilizado contabilizado. Todas as Notas Explicativas já preparadas estavam aprovadas pela diretoria e julgadas suficientes, exceto pelo diretor econômico-financeiro. Este último deixou de apresentar as Demonstrações Financeiras e suas Notas Explicativas em uma importante reunião de negócios. Motivo: em seu entender, faltava uma Nota Explicativa sobre o *leasing* daqueles equipamentos. Comente.

5. "Políticas de treinamento de pessoal", "quantidades vendidas no país e no exterior" e "reorganização (feita ou planejada) nos sistemas administrativos" são fatos que, via de regra, aparecem:

a) no relatório da diretoria.

b) no relatório da diretoria e no parecer dos auditores externos.

c) em "Notas Explicativas".

d) em "Notas de Rodapé".

6. Fatos relevantes qualitativa e quantitativamente e que afetaram o patrimônio da empresa após a data de encerramento do exercício social e antes da publicação das Demonstrações Financeiras:

a) não devem ser relatados quando da publicação destes, pois em nada se relacionam com o exercício social ao qual dizem respeito as Demonstrações Financeiras.

b) devem ser relatados quando da publicação destas para permitir que os leitores conheçam o verdadeiro resultado (lucro/prejuízo) apurado no exercício que findou.

c) devem, por força da Lei nº 6.404/76, ser publicados como "Notas Explicativas" às Demonstrações Financeiras.

d) devem, por respeito unicamente aos acionistas majoritários, ser publicados como "Notas Explicativas" às Demonstrações Financeiras.

7. Leia o *caput* do art. 161 da Lei nº 6.404/76 e seu § 2º. Leia, também, os incisos II e VII do art. 163 da mesma lei. Caso fosse diretor-presidente de uma sociedade anônima que possuísse conselho fiscal em funcionamento instalado a pedido de acionistas, você mandaria publicar o parecer do conselho fiscal com as Demonstrações Financeiras? Você considera esse "parecer" uma *evidenciação*? Justifique sua resposta.

Cap. 6 • NOTAS EXPLICATIVAS E EVIDENCIAÇÕES 57

8. Em um dos itens, estão inclusos dois informes que, apesar de publicados, não são considerados evidenciações às Demonstrações Financeiras (Contábeis). Indique-os:
   a) Notas Explicativas; quadros analíticos suplementares.
   b) Balanço patrimonial; relatório da diretoria; quadros analíticos suplementares; parecer dos auditores independentes.
   c) Notas Explicativas; quadros analíticos suplementares; informações entre parênteses.
   d) Notas Explicativas; balanço patrimonial; quadros analíticos suplementares; Demonstração do Resultado do Exercício; parecer dos auditores independentes.
9. O que podem ser considerados Principais Assuntos de Auditoria (PAAs)?
10. Quando não se deve divulgar um PAA?

7 Demonstração do Resultado do Exercício – DRE

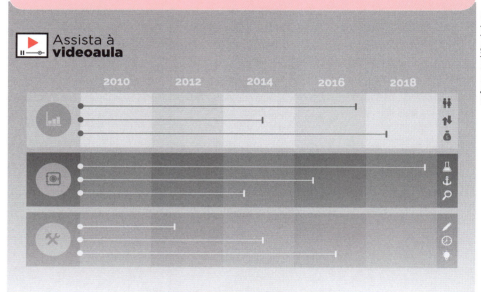

▶ Assista à **videoaula**

OBJETIVOS DO CAPÍTULO

- Oferecer aos leitores as seguintes noções:
  o a cada exercício social, as empresas devem apurar o resultado dos seus negócios;
  o os conceitos de receita e despesa;
  o o regime de competência e caixa, os ajustes em relação ao regime de competência;
  o o efeito do lucro no balanço patrimonial;
  o a diferença entre despesa e custo;
  o as destinações do lucro líquido.

7.1 Apuração do resultado

A cada exercício social (normalmente, no período de um ano), a empresa deve apurar o resultado dos seus negócios para saber se obteve lucro ou prejuízo. A Contabilidade confronta as receitas (venda, prestação de serviços etc.) com as despesas. Se a receita foi maior do que as despesas, a empresa teve lucro. Se a receita foi menor do que as despesas, teve prejuízo.

O Regime de Competência é a forma de se fazer Contabilidade. Para melhor explicá-lo, destacam-se duas regras básicas: a da *Realização da receita* e a da *Confrontação das despesas*.

Realização da receita

A receita é reconhecida no período contábil em que foi gerada. O fato gerador, normalmente, é identificado quando os bens e serviços são *transferidos* aos compradores em troca de dinheiro, tornando-se, assim, *receita à vista*, mas quando não há recebimento imediato de dinheiro, o que se tem é *direitos a receber*, ou seja, *receita a prazo*, ou ainda, outro item do Ativo, denominado *permuta*. Assim, uma revendedora de veículos poderá reconhecer receita no momento em que transfere o automóvel para o comprador.

Confrontação das despesas

No momento em que se reconhece uma receita, tem-se associada a ela uma despesa sacrificada, ou seja, para que haja uma receita, haverá sempre uma despesa, mas não o inverso. Desse confronto (receita × despesa) obtém-se o resultado do exercício.

A receita corresponde, em geral, a vendas de mercadorias ou prestações de serviços. Ela é refletida no balanço por meio da entrada de dinheiro no caixa (venda à vista) ou entrada em forma de direitos a receber (venda a prazo – duplicatas a receber). A existência de receita implica o aumento do Ativo.

Já a despesa é vista como todo esforço da empresa para obter receita. Todo consumo de bens ou serviços com o objetivo de obter receita é um sacrifício, um esforço para a empresa. Quando a despesa for à vista, há redução da conta caixa; quando for a prazo, há o aumento do Passivo, que representa obrigações a pagar. A implicação final é o reflexo no balanço patrimonial.

O Regime de Competência é universalmente adotado, aceito e recomendado pela Teoria da Contabilidade, sendo obrigatório pelas normas brasileiras de Contabilidade e também praticado pelo Imposto de Renda. Esse regime evidencia o resultado da empresa de forma mais adequada e completa. Os critérios adotados pelo Regime de Competência são:

1) A receita será contabilizada no período em que for gerada, independentemente do seu recebimento. Assim, se a empresa vendeu a prazo em dezembro do ano X1 para receber somente no ano X2, pelo Regime de Competência, deve-se considerar que a receita foi gerada em X1, portanto, ela pertence a X1.

2) A despesa será contabilizada como tal no período em que for consumida, incorrida, utilizada, independentemente do pagamento. Assim, se, no quinto dia útil de fevereiro de X1, a empresa pagar seus funcionários, que trabalharam em janeiro de X1, a despesa compete a X1, pois nesse período ela incorreu efetivamente.

7.2 Demonstração do resultado do exercício

Essa demonstração evidencia o resultado (lucro ou prejuízo) de um determinado exercício (ano). Para tanto, é evidenciado o confronto receita × despesa, competente àquele exercício (período contábil).

Em primeiro lugar, destacamos a receita bruta, para, em seguida, subtrairmos as deduções e apurarmos a receita líquida. Deduções são os abatimentos concedidos sobre o preço de venda ou de serviços, as devoluções de mercadorias e os impostos incidentes (IPI, ICMS, ISS, PIS e COFINS).

DRE
RECEITA BRUTA
(–) DEDUÇÕES
(=) RECEITA LÍQUIDA
(–) CUSTO DAS MERCADORIAS VENDIDAS OU DOS SERVIÇOS PRESTADOS
(=) RESULTADO BRUTO (LUCRO OU PREJUÍZO)
(–) DESPESAS OPERACIONAIS
VENDAS
ADMINISTRATIVAS
FINANCEIRAS
TRIBUTÁRIAS
OUTRAS DESPESAS E RECEITAS OPERACIONAIS
(=) RESULTADO OPERACIONAL (LUCRO OU PREJUÍZO)
(–) IMPOSTOS
IMPOSTO DE RENDA
CONTRIBUIÇÃO SOCIAL
(=) RESULTADO ANTES DAS PARTICIPAÇÕES
(–) PARTICIPAÇÕES
(=) RESULTADO LÍQUIDO (LUCRO OU PREJUÍZO)

7.3 Custo das vendas

São os gastos de fábrica – no caso de uma indústria – para confeccionar o produto vendido (matéria-prima, mão de obra e outros gastos de fabricação); são os gastos relativos à aquisição de mercadoria (custo de aquisição) para a revenda, no caso de uma empresa comercial; são os gastos de mão de obra e material aplicados diretamente no serviço prestado, no caso de uma empresa prestadora de serviços. São denominados, respectivamente: custo do produto vendido, custo da mercadoria vendida e custo do serviço prestado.

Subtraindo-se os custos das vendas da receita líquida, encontraremos o lucro bruto. Na verdade, o termo correto seria resultado bruto, pois poderá existir também o prejuízo bruto.

7.4 Despesas operacionais

São as despesas relativas à operação e à administração do empreendimento, à comercialização do produto ou serviço e à remuneração do dinheiro emprestado de terceiros (instituições financeiras). Dessa forma, este item se divide, basicamente, em cinco grupos de despesas:

- *Despesas de vendas:* Despesas com o pessoal de vendas, comissão de vendedores, propaganda e publicidade, distribuição do produto, provisão para devedores duvidosos etc.
- *Despesas administrativas:* Despesas com os pessoais administrativos, honorários da diretoria, aluguel de escritório, material de escritório, serviços profissionais contratados (auditoria, consultoria) etc.
- *Despesas tributárias:* São despesas com impostos e taxas que não são incidentes sobre vendas de mercadorias ou prestação de serviços e também sobre o lucro, por exemplo: IPTU, IPVA etc.
- *Despesas financeiras:* Juros pagos ou incorridos, descontos concedidos e, de forma destacada, variação cambial (variação dos empréstimos em moeda estrangeira).

  Por força da Lei das S.A., devem-se confrontar as receitas financeiras (descontos obtidos, juros recebidos...) com as despesas financeiras e, assim, destacar os encargos financeiros líquidos ou, se a receita for maior que a despesa, a receita financeira líquida, com o sinal inverso ao das despesas.
- *Outras despesas e receitas operacionais:* O item mais comum neste grupo é o ganho ou a perda na alienação (venda) do item de investimentos ou imobilizado. Se alienarmos com lucro, teremos receita; se com prejuízo, despesa. Assim, se a empresa vender máquinas do imobilizado, teremos um resultado não operacional. Outro exemplo são lucros ou prejuízos obtidos

de participações em outras sociedades, tais como dividendos, resultados da equivalência patrimonial etc.

A diferença entre o lucro bruto e as despesas operacionais evidenciará o resultado operacional, que, na maioria das vezes, por ser positivo, denominamos lucro operacional.

7.5 Imposto de Renda

No Brasil, existem três regimes de apuração de impostos, são eles: o Lucro Real, o Lucro Presumido e o Simples Nacional. O Presumido e o Simples Nacional são baseados no faturamento da empresa, já o Real tem como base a apuração do resultado pela Contabilidade, e aí começam os problemas! Primeiro, porque nem todas as despesas contabilizadas são aceitas pelo fisco como dedutivas, ou seja, não podem ser subtraídas do resultado. Exemplo: multas de trânsito, refeições da diretoria, brindes etc. Nesse caso, há uma necessidade de ajustar o lucro contábil. Esse ajuste pode ser com adições (quando somamos novamente as despesas no resultado por serem indedutíveis) e com exclusões (quando retiramos do resultado determinadas receitas que não são tributadas pelo fisco, como exemplo: resultado de equivalência patrimonial), e com isso chegamos ao denominado Lucro Real ou Lucro Fiscal. Segundo, com o advento das alterações nas normas contábeis brasileiras, em harmonia com as normas internacionais, vários procedimentos contábeis que devem ser implementados pelas empresas em sua contabilidade societária não são aceitos pelo fisco porque detêm certo grau de subjetividade. Como o fisco não conseguiu meios eficazes de mensuração do impacto na arrecadação dos tributos, determinou que as empresas estornem, por meio de ajustes – tal qual fazem com despesas indedutíveis e receitas não tributadas, todos os efeitos das novas regras contábeis.

Esses ajustes são feitos em um sistema de escrituração fiscal, que é digital, denominado Escrita Contábil Fiscal – ECF.

Dessa forma, as empresas co Lucro Real terão sua contabilidade escriturada conforme os ditames das normas brasileiras de Contabilidade, na Escrita Contábil Digital – ECD, e depois devem entregar o arquivo digital da ECF, com a devida apuração do Lucro Fiscal (Real), que será a base para o recolhimento do Imposto de Renda e da Contribuição Social.

No Lucro Real é permitida a opção por apuração anual ou trimestral.

A alíquota do Imposto de Renda é de 15% sobre o lucro, cabendo ainda um adicional de 10% no que exceder a um lucro de R$ 20.000,00 (vinte mil reais), apurados mensalmente, para as empresas no Lucro Real anual, e R$ 60.000,00 (sessenta mil reais), apurados trimestralmente, para as empresas no Lucro Real trimestral.

Cap. 7 • **DEMONSTRAÇÃO DO RESULTADO DO EXERCÍCIO – DRE** **63**

A Contribuição Social tem alíquota de 9% sobre o Lucro Fiscal apurado.

A subtração da provisão para o Imposto sobre a Renda e a Contribuição Social do lucro antes dos impostos propicia o lucro após os impostos ou o lucro antes das participações.

7.6 Participações e contribuições

São as participações contidas nos estatutos para empregados, administradores e partes beneficiárias, que serão calculadas sucessivamente e na ordem de sequência apresentada, com base nos lucros que remanescerem depois de deduzidas as participações anteriormente calculadas.

As contribuições são aquelas para instituições ou fundos de assistências ou previdências de empregados.

O lucro após os impostos menos as participações e contribuições evidenciará o lucro líquido (ou prejuízo), que é o remanescente que fica para os proprietários.

Após o lucro líquido, será destacado o lucro líquido por ação do capital social, que nada mais é que o lucro líquido dividido pelo número de ações integralizadas do capital social.

Veja um exemplo de Demonstração do Resultado do Exercício:

Cia. Jundiaí S.A.		
	20X2	**20X1**
Receita operacional bruta		
Vendas de mercadorias, produtos e serviços	3.000.000	2.000.000
(–) Deduções e abatimentos		
Vendas anuladas	–15.000	–10.000
Descontos incondicionais concedidos	–70.000	–45.000
ICMS sobre vendas	–330.000	–220.000
PIS	–19.800	–13.200
COFINS	–90.000	–60.000
(=) Receita operacional líquida	2.475.200	1.651.800
(–) Custo das vendas e dos serviços prestados	–1.485.000	–991.000
(=) Lucro bruto	990.200	660.800
(–) Despesas operacionais		
Despesas com vendas	–309.086	–250.000
Despesas administrativas	–443.048	–226.709
Despesas tributárias	0	0
Despesas financeiras líquidas	–83.000	–27.000
Outras despesas e receitas operacionais	–1.000	–5.000

(continua)

Continuação

Cia. Jundiaí S.A.		
(=) Lucro (prejuízo) operacional	**154.066**	**152.091**
(–) Impostos		
Imposto de Renda (15%)	–23.110	–22.814
CSLL (9%)	–13.866	–13.688
(=) Resultado antes das participações	117.090	115.589
(–) Participações		
Empregados	–1.500	–1.300
(=) Lucro líquido	**115.590**	**114.289**

EXERCÍCIOS

1. Qual o objetivo da Demonstração do Resultado do Exercício?

2. Na DRE, demonstramos alguns tributos em deduções, alguns em tributárias e também depois no lucro antes dos impostos. Explique.

3. O que é custo das vendas?

4. O que são despesas operacionais?

5. Separe o que são custos ou despesas para a indústria:
- Energia elétrica na industrialização
- Comissões dos vendedores
- Depreciação dos computadores da administração
- Aluguel de escritório
- Material secundário de fábrica
- Juros bancários
- Manutenção de máquinas
- Depreciação de móveis e utensílios
- Depreciação de máquinas industriais
- Aluguel de fábrica
- Material de escritório
- Matéria-prima
- Salários administrativos
- Pró-labore – diretor da fábrica
- Encargos sociais sobre mão de obra
- Variação cambial

6. Que tipo de contas podem ser classificadas no grupo de outras despesas e receitas operacionais?

7. Dividir as contas ou fatos contábeis em despesa, receita e custo:
- Aquisição de veículos
- Estoques obsoletos

- Venda de imóvel com lucro
- Salários consumidos
- Venda de produtos
- Mão de obra em período de greve
- Consumo de energia elétrica
- Recebimento de sinistro por seguro
- Compra de móveis e utensílios
- Prestação de serviços

8. Das contas a seguir, estruture o balanço patrimonial e a Demonstração de Resultado do Exercício, considerando que o lucro do exercício não foi distribuído aos acionistas, mas retido na empresa, na conta reserva de lucros.

Bancos conta movimentos	8.200
Fornecedores	4.600
Capital	10.000
Receita	8.250
Estoques	1.900
Despesa	5.650
Imóveis	4.700
Duplicatas a receber	2.400

9. Ordene a DRE na forma dedutiva (vertical), completando o valor das vendas da empresa Continental.

Empresa Continental	Em $ mil
Lucro antes do Imposto de Renda	5.300
Despesas administrativas	9.120
Custos das vendas	23.090
Lucro bruto	27.480
Lucro operacional	5.610
Outras despesas operacionais	1.360
Outras receitas operacionais	1.050
Despesas de vendas	12.750
Lucro líquido	2.550
Vendas	?????
Participações diversas	1.000
Provisão para Imposto de Renda	1.750
Lucro depois do Imposto de Renda	3.550

10. CPV – Custo do Produto Vendido é utilizado para empresas:
   a) Financeiras.
   b) De serviços.
   c) Comerciais.
   d) Industriais.

8 Demonstração dos Lucros ou Prejuízos Acumulados (DLPAc) e Demonstração das Mutações do Patrimônio Líquido (DMPL)

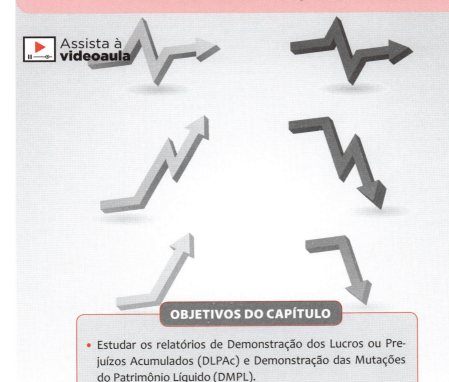

OBJETIVOS DO CAPÍTULO

- Estudar os relatórios de Demonstração dos Lucros ou Prejuízos Acumulados (DLPAc) e Demonstração das Mutações do Patrimônio Líquido (DMPL).

8.1 Demonstração dos Lucros ou Prejuízos Acumulados (DLPAc)

A Demonstração dos Lucros ou Prejuízos Acumulados tem por finalidade evidenciar a movimentação na conta lucros ou prejuízos acumulados. É um demonstrativo obrigatório.

É muito importante porque ela funciona como um instrumento de integração entre o balanço patrimonial e a Demonstração do Resultado do Exercício, permitindo que visualizemos com clareza o destino do lucro evidenciado nesses demonstrativos de forma estanque.

A destinação (canalização) do lucro líquido para os proprietários (distribuição de dividendos) ou o reinvestimento na própria empresa serão evidenciados na Demonstração dos Lucros ou Prejuízos Acumulados antes de serem indicados no balanço patrimonial.

Elabora-se a Demonstração do Resultado do Exercício com a apuração do lucro líquido. Em seguida, transporta-se esse lucro líquido para a Demonstração dos Lucros ou Prejuízos Acumulados, para efetuar a sua distribuição.

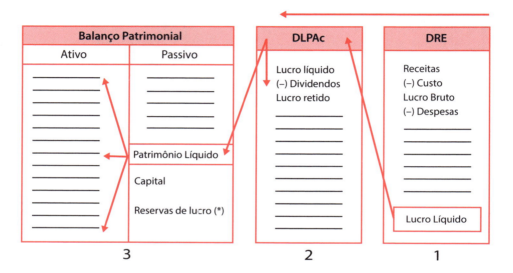

No art. 176 da Lei 11.638/07, a DLPAc é relacionada como uma demonstração financeira obrigatória. Todavia, no item d do art. 178, essa mesma lei diz que o Patrimônio Líquido (PL) é constituído em capital social, reservas de capital, ajustes de avaliação patrimonial, reservas de lucros, ações em tesouraria e prejuízos acumulados, não incluindo a conta lucros acumulados.

Na realidade, a conta lucros acumulados, apesar de ser assim tratada em todos os comentários dos dispositivos legais, não é uma conta transitória; é uma conta normal do PL, com uma característica singular, ou seja, deve apresentar no início ou no final do exercício dois tipos de saldo: ou "zero" ou "devedor" (no caso de prejuízo). É lógico que, se ela tiver saldo "zero", não vai aparecer no balanço patrimonial.

Nessas condições, recomenda-se que seja utilizada a conta lucros acumulados, a fim de receber o lucro do exercício e promover a sua distribuição ou para eventuais reversões de reservas ou, ainda, para compensar eventuais prejuízos e manter a DLPAc. A conservação da DLPAc se faz mister, pois é ela que demonstra essas movimentações.

O registro dessa movimentação deve aparecer, com a ressalva, em Nota Explicativa, sobre os saldos iniciais e finais. Aliás, essa observação sobre saldos iniciais e finais também será válida para a penúltima coluna da Demonstração das Mutações do PL.

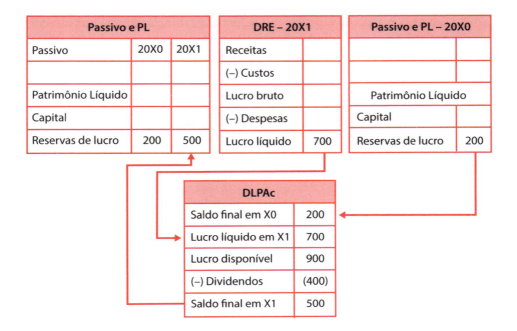

As reservas de lucros normalmente são destacadas na Demonstração de Lucros ou Prejuízos Acumulados.

O saldo da conta lucros acumulados deverá ser zero, quando se tratar de sociedades anônimas ou sociedades limitadas de grande porte. Em se tratando de sociedade anônima de capital aberto, a DLPAc deverá ser substituída pela Demonstração das Mutações do Patrimônio Líquido, evidentemente, com a conta lucros acumulados zerada.

Portanto, para se ter mais transparência nos propósitos da empresa, esta deverá destinar todo o lucro, distribuindo-o para os acionistas, em forma de dividendos ou convertendo-o em possíveis reservas, evitando, assim, saldos indefinidos na conta lucros acumulados.

O lucro da empresa pode ser utilizado de várias maneiras, por exemplo, para aumentar o seu capital. Pode, ainda, ser destinado para algum fim específico e, neste caso, será tratado em forma de reservas que podem ser: reserva legal (uma parte de lucro líquido – 5% – para manter a integridade do capital); reserva para expansão da empresa; reserva estatutária (para renovação de equipamentos, para pesquisa de novos produtos etc.), prevista no estatuto da empresa.

Se a empresa, ao invés de lucro, estiver apresentando prejuízo, este será acumulado (prejuízos acumulados) e explicitado na Demonstração dos Lucros ou Prejuízos Acumulados.

8.1.1 *Demonstração dos Lucros ou Prejuízos Acumulados nos moldes da Lei das Sociedades por Ações*

Em seu art. 186, a Lei das S.A. dispõe sobre a forma como deverá ser apresentada a demonstração:

Histórico	Exercício atual
Saldo de lucros acumulados do exercício anterior	x.x.x.x.x
(+/–) Ajustes de exercícios anteriores	x.x.x.x.x
(+) Reversão de reservas	x.x.x.x.x
(+) Lucro líquido do exercício atual	x.x.x.x.x
Lucro total disponível	x.x.x.x.x
(–) Transferências para reservas de lucros:	
a. Reserva legal	x.x.x.x.x
b. Reservas estatutárias	x.x.x.x.x
c. Reservas para contingências	x.x.x.x.x
d. Retenção de lucros (reserva orçamentária)	x.x.x.x.x
e. Reservas de lucros a realizar	x.x.x.x.x
(–) Dividendos	x.x.x.x.x
Saldo de lucros acumulados no final do período	x.x.x.x.x

A legislação referida dispõe ainda que a Demonstração de Lucros ou Prejuízos Acumulados deverá indicar o montante do "Dividendo por Ação do Capital Social" e que a empresa não precisará apresentar essa Demonstração se elaborar a Demonstração das Mutações do Patrimônio Líquido, pois aquela está incluída nesta.

8.1.2 *Ajuste de exercícios anteriores*

Retificações de erros descobertos agora, relativos a exercícios anteriores, não poderão alterar o lucro líquido do exercício, mas sim modificar o remanescente dos lucros dos exercícios anteriores, que, normalmente, se encontram em lucros acumulados (princípio da competência dos exercícios).

Os efeitos da mudança de critério contábil (avaliação de estoques, cálculos de depreciação, avaliação de investimentos) deverão fazer parte dos ajustes de exercícios anteriores.

8.1.3 *Reversão de reservas*

Tanto as reservas para contingências (vide explicação a seguir) como as reservas de lucros a realizar deverão, com o passar do tempo, ser revertidas.

Reservas de lucros a realizar são partes do lucro economicamente existente, mas ainda não realizado financeiramente. No momento da realização financeira do lucro econômico, teremos a reversão dessa reserva.

8.1.4 *Transferência do lucro líquido para reservas de lucros*

Compete à administração da companhia a proposta da destinação do lucro, que deverá ser aprovada em conjunto com as Demonstrações Financeiras, na assembleia geral ordinária.

Reserva legal

Do lucro líquido do exercício, 5% serão aplicados, antes de qualquer outra destinação, na constituição de reserva legal, que não excederá a 20% do capital social.

Essa reserva é determinada por lei e, portanto, essa é a razão de seu nome.

Reservas estatutárias

O estatuto poderá prever reservas, desde que para cada uma: indique, de modo preciso e completo, a finalidade; fixe os critérios para determinar a parcela anual dos lucros líquidos que serão destinados à sua constituição; e estabeleça o limite máximo da reserva.

Exemplos de reservas estatutárias: reserva de renovação de equipamentos, reserva para pesquisa de novos produtos etc.

Reservas para contingências

A assembleia geral poderá, por proposta dos órgãos da administração, destinar parte do lucro líquido à formação de reserva com a finalidade de compensar, em exercício futuro, a diminuição do lucro decorrente de perda julgada provável, cujo valor possa ser estimado. A proposta dos órgãos da administração deverá indicar a causa da perda prevista e justificar, com as razões de prudência que a recomendem, a constituição da reserva. A reserva será revertida no exercício em que deixarem de existir as razões que justificaram a sua constituição ou em que ocorrer a perda.

Exemplos: Nos casos de previsões de geadas, inundações, secas, greves, paralisações etc., é muito rara a constituição dessa reserva.

Retenção de lucro (Reserva orçamentária)

A assembleia geral poderá, por proposta dos órgãos da administração, deliberar reter parcela do lucro líquido do exercício prevista em orçamento de capital por ela previamente aprovado. O orçamento, submetido pelos órgãos da administração com justificação da retenção de lucros proposta, deverá compreender todas as fontes de recursos e aplicações de capital, fixo ou circulante, e poderá ter a duração de até cinco exercícios, salvo no caso de execução, por prazo maior, de projeto de investimento. O orçamento poderá ser aprovado na assembleia geral ordinária que deliberar sobre a aprovação do balanço patrimonial do exercício.

Reserva de lucros a realizar

No exercício em que os lucros a realizar ultrapassarem o total deduzido como reserva legal, reservas para contingências, reservas estatutárias e retenção de lucros, a assembleia geral poderá, por proposta dos órgãos da administração, destinar o excesso à constituição de reserva de lucros a realizar. Como exemplo de lucros a realizar:

- O aumento do valor do investimento em coligadas e controladas – resultantes da equivalência patrimonial.
- O lucro em vendas a prazo realizável após o término do exercício seguinte.

Observe que as receitas e os rendimentos ganhos no período são considerados independentemente da sua realização em moeda. Daí a origem de lucros econômicos.

Dividendos

Trata-se da parcela do lucro distribuída aos proprietários (acionistas no caso da S.A.) da empresa. Normalmente, o estatuto social da empresa define o percentual dos dividendos. Em uma empresa limitada, o contrato social poderá definir esse percentual, ou então deverá haver acordo convencionado entre os sócios.

A crítica que se faz à DLPAc é de que ela não é completa, tendo como foco apenas a evidenciação das mutações da conta lucros ou prejuízos acumulados, desprezando a evidenciação de outras contas do Patrimônio Líquido. Dessa forma, foi criada a Demonstração das Mutações do Patrimônio Líquido, que veremos a seguir.

8.2 Demonstração das Mutações do Patrimônio Líquido (DMPL)

Ao contrário da Demonstração dos Lucros ou Prejuízos Acumulados (DLPAc), que fornece a movimentação, basicamente, de uma única conta do Patrimônio Líquido (lucros acumulados), a Demonstração das Mutações do Patrimônio Líquido (DMPL) evidencia a movimentação ocorrida em todas as contas do PL, durante o exercício. Assim, todo acréscimo e diminuição no Patrimônio Líquido são evidenciados por meio dessa demonstração, bem como a formação e utilização das reservas (inclusive aquelas não originadas por lucro).

Embora não seja uma demonstração obrigatória, a DMPL é mais completa e abrangente do que a DLPAc. O relatório contábil denominado DMPL é consideravelmente relevante para as empresas que movimentam constantemente as contas do Patrimônio Líquido. Se elaborada essa demonstração, não há necessidade de se apresentar a DLPAc, uma vez que aquela inclui esta.

Ressaltamos, ainda, que a DMPL é fundamental para elaboração da Demonstração dos Fluxos de Caixa.

A técnica da elaboração dessa demonstração é bastante simples:

1. Indicaremos uma coluna para cada conta do Patrimônio Líquido, conforme representação gráfica:

Movimentações	Capital realizado	Reservas de capital		Reservas de lucro					Lucros acumulados	TOTAL
		Ágio na emissão de ações	Outras reservas de capital	Legal	Estatutária	Orçamentária	Contingência	Lucros a realizar		
Saldo em 31-12-X0										
(+/−) Ajustes de exercícios anteriores										
Aumento de capital										
Reversões de reservas										
Lucro líquido do exercício										
Proposta da Administração										
Reserva legal										
Reserva estatutária										
Reserva orçamentária										
Reservas para contingências										
Reservas de lucros a realizar										
Dividendos										
Saldo em 31-12-X1										

DEMONSTRAÇÃO DAS MUTAÇÕES DO PL
EMPRESA: _____

2. Nas linhas horizontais, indicaremos as movimentações das contas, no estilo com que fizemos a Demonstração de Lucros ou Prejuízos Acumulados (DLPAc).

EXERCÍCIOS

1. Qual o objetivo da DLPAc?
2. É comum a empresa distribuir todo o lucro líquido do exercício (período)? Justifique.
3. O capital social é a primeira origem de recursos. Além do capital social, também podemos obter origens (fontes) de terceiros, por exemplo, por financiamentos. Esses recursos são aplicados no Ativo das empresas (caixa, máquinas etc.), com a meta de vender os produtos. Após confrontar as vendas (receitas) com os custos e despesas, temos o lucro da atividade. O lucro e sua destinação são demonstrados na DLPAc e têm como objetivo remunerar o capitalista e agregar valor à empresa. Isso deveria, entre outras, ser função da empresa. Analise essas afirmações e comente.
4. O que se faz com o lucro não pago aos donos do capital, nem utilizado como reservas e outros fins?
5. Qual a semelhança entre lucro e dividendos?
6. As sociedades limitadas são obrigadas a publicar a DLPAc? Existe algum caso em que a DLPAc é exigida para as empresas limitadas (Ltda.)?
7. Por que dizemos reserva legal e não reserva facultativa?
8. Qual o documento que estabelece a forma de canalização do lucro nas S.A. e Ltda.?
   a) O gerente da Cia. Fado S.A., ao calcular o valor dos dividendos a pagar, percebeu que não constava do estatuto social o percentual que deveria atribuir aos dividendos. Se você fosse ajudar o gerente, o que diria a ele?
10. O que você entende por lucro ajustado?
11. A Cia. Guiana S.A. obteve, no seu primeiro ano de atividade, um lucro de R$ 200.000,00. No estatuto social, constavam as seguintes reservas de lucro, além da reserva legal obrigatória:
    a) Reserva estatutária 10%
    b) Reserva para contingências 20%
    c) Reserva de lucros a realizar 20%
    Dessa forma, elabore a DLPAc, sem se esquecer dos acionistas.
12. É possível realizar a reserva para contingências em períodos de previsões? Justifique.
13. O Sr. Raimundo Aparecido ganhou, neste mês, o valor de $ 10.000,00, correspondentes a salários. Suas despesas somaram a quantia de $ 5.000,00. O Sr. Raimundo, homem muito conservador, tem como praxe destinar metade do seu resultado como reserva para contingências. Como você apresentaria a DLPAc do Sr. Raimundo?

14. Preencha as linhas pontilhadas das Demonstrações Financeiras da Cia. Pirassununga S.A.

Balanço patrimonial Cia. Pirassununga S.A.					
Ativo	**31.12.20X0**	**31.12.20X1**	**Passivo**	**31.12.20X0**	**31.12.20X1**
Circulante			**Circulante**		
Caixa	500	1.500	Impostos a pagar	0	....
Não Circulante			**Patrimônio Líquido**		
Investimentos	500	500	**Capital**	**1000**	**1000**
Imobilizado	1.000	1.000	Lucros acumulados	1.000	....
Total		**2000**	**Total**	**2000**	....

Demonstração do Resultado do Exercício Cia. Pirassununga S.A.	
	20X1
Receita bruta	10.000
(–) Custo dos serviços prestados	(8.000)
Lucro bruto	2.000
(–) Despesas	(1000)
Vendas	(400)
Administrativas	(600)
Lucro operacional	1000
(–) Imposto de Renda	150
Lucro líquido	850

Observações:

- A receita e a despesa/custo foram à vista.
- O Imposto de Renda foi de 15% sobre o lucro de $ 1.000.
- Não houve aquisição de imobilizado nem aumento de capital em 20X1.

Demonstração de Lucros ou Prejuízos Acumulados	
Saldo no início do exercício	**1.000**
Lucro líquido do exercício	**850**
Saldo no final do exercício	....

CONTABILIDADE PARA EXECUTIVOS | Marion • Cardoso • Rios

15. O contador da Cia. Americana S.A., ao terminar a contabilidade de 20X2, estranhou que uma nota fiscal de despesa com cessão de mão de obra, concernente ao ano de 20X1, no valor de $ 40.000,00, não foi lançada no respectivo ano. Comentou com o seu diretor que o lucro líquido do ano de 20X1, no valor de $ 800.000,00, na realidade deveria ser de $ 760.000,00. Qual a solução que deveríamos dar a esse caso, visto que estamos encerrando o exercício seguinte e não existe nenhuma possibilidade de retificar a contabilidade de 20X1? Demonstre a resolução aos acionistas.

16. Explique a diferença entre lucros a realizar e reserva de lucros a realizar.

17. O contador da Cia. Saladinha S.A., após uma pane no seu microcomputador, recuperou algumas informações da DLPAc. Todavia, essas informações estão incompletas. Dessa forma, vamos ajudá-lo a elaborar a DLPAc correta, de acordo com a Lei das S.A.

Saldo no final do exercício	269.199
Dividendos obrigatórios	73.375
Reserva estatutária	4.783
Ajustes positivos de exercícios anteriores	20.000
Lucro do exercício	244.586
Reserva legal	5%
Outras reservas	2.000
Saldo no início do período	100.00
Reserva para contingências	3.000

18. A Cia. Falida S.A., no seu primeiro ano de atividade, teve um prejuízo líquido no exercício da ordem de $ 120 mil. Ocorreu uma pequena confusão ao elaborar a DLPAc, pois não houve lucro. Explique e tente elaborar a DLPAc.

19. Por que ao elaborarmos a DMPL não precisamos elaborar a DLPAc?

20. A Cia. Evoluída S.A. obteve um lucro em 20X1 de R$ 200.000,00. Calcule o saldo da reserva legal em 31/12/20X1, considerando o PL a seguir em 31/12/20X0. Dados de 31/12/20X0.

Capital social	100.000,00
Reserva legal	195.000,00
Reserva para contingências	150.000,00

9 Demonstração dos Fluxos de Caixa (DFC)

▶ Assista à **videoaula**

OBJETIVOS DO CAPÍTULO

- Discorrer sobre as técnicas contábeis para a elaboração da Demonstração dos fluxos de caixa.
- Conhecer os métodos direto e indireto.

9.1 Introdução

A Contabilidade, aceita e respeitada há muito tempo como uma ciência, não admite ser entendida como uma arte, no sentido de ser somente uma ferramenta financeira, à disposição dos segmentos que compõem a sociedade, para controlar e administrar seus bens, direitos e obrigações, sem base teórica que a fundamente como ciência. O nome "Contabilidade", atribuído a essa ciência, foi associado à ideia de ela ser a "ciência do contar", necessidade básica para se poder administrar e mensurar os bens adquiridos, como demonstração e registro de riqueza.

Como toda ciência, a Contabilidade começa a apresentar, com a crescente complexidade dos processos empresariais, suas vulnerabilidades, o que dificulta, ao administrador, uma visão precisa da situação financeira e patrimonial de seu negócio.

Essa falta de precisão faz com que o administrador investigue novas técnicas que o auxiliem a interpretar a realidade de seu negócio. Para resolver essa necessidade de garantir a fidedignidade da situação financeira da empresa, o administrador deve se valer da Demonstração dos Fluxos de Caixa.

Esse instrumento de gestão financeira demonstra, de forma condensada, a procedência, em determinado período, da entrada e da saída de todo o dinheiro, bem como a sua aplicação, e, ainda, o resultado do fluxo financeiro da empresa.

Serão explicitadas a seguir algumas informações que podem ser obtidas com o uso do fluxo de caixa.

- O grau de capacidade da empresa de gerar recursos para financiar suas operações.
- A causa do desaparecimento do dinheiro, já que a empresa é geradora de recursos financeiros.
- Os tipos de recurso que estão sendo utilizados para garantir a viabilização das operações financeiras, apesar de a empresa não ser geradora de caixa.
- O montante mínimo necessário (capital de giro) para suprir as obrigações da empresa.
- O ponto de equilíbrio entre o capital de giro e o capital de terceiros.
- As obrigações pertinentes à empresa.
- O grau de capacidade da empresa de imobilizar ou distribuir dividendos, sem fragilizar a estrutura de capital de giro.
- O grau da capacidade da empresa de gerar recursos financeiros.
- O grau de capacidade de repor o estoque.
- O prazo (tempo) de que a empresa pode dispor para financiar seus clientes.

O propósito do uso do fluxo de caixa deve ser mais amplo e abrangente, como foi demonstrado anteriormente, evitando os objetivos simplistas, como a verificação de saldo positivo ou negativo.

De acordo com a Lei nº 11.638, de 2007, a Demonstração dos Fluxos de Caixa, ou seja, as mudanças ocorridas, durante o exercício, no saldo de caixa e equivalentes de caixa, devem ser separadas, no mínimo, em três diferentes fluxos: das operações, dos financiamentos e dos investimentos. Além dessa divisão, há dois métodos de fluxo de caixa, o método direto e o método indireto.

Essa estrutura dos fluxos de caixa, que se desmembram em três diferentes fluxos, é de fácil entendimento, podendo ser utilizada para qualquer tipo de empresa:

Cap. 9 • **DEMONSTRAÇÃO DOS FLUXOS DE CAIXA (DFC)** **79**

pequena, média ou grande, voltada à indústria, ao comércio, à prestação de serviços e às instituições financeiras. A seguir, serão apresentadas as principais atividades que estão distribuídas em operacionais, financiamentos e investimentos:

Atividades operacionais

Entradas operacionais de:

- contas a receber – clientes à vista;
- contas a receber – clientes a prazo;
- contas a receber – adiantamentos;
- rendimentos de aplicações financeiras;
- juros de empréstimos concedidos;
- dividendos recebidos;
- outros recebimentos.

Saídas operacionais de:

- fornecedores de matérias-primas;
- fornecedores de mercadorias;
- adiantamentos a fornecedores;
- salários e encargos;
- impostos;
- outros pagamentos.

O conceito de **operacional** inclui, basicamente, todas as entradas e saídas das operações da empresa.

Atividades de financiamentos

- empréstimos bancários;
- financiamentos/*leasing*;
- recursos próprios;
- (–) dividendos pagos.

O conceito de **financiamentos** inclui as entradas de recursos de terceiros e próprios.

Atividades de investimentos

- aplicações financeiras (com prazo superior a três meses);
- empréstimos concedidos;
- participações em coligadas/controladas;
- participações em outras empresas;
- imobilizado;
- intangível.

A seguir serão apresentados os Demonstrativos da nossa empresa, denominada Cia. Jundiaí S.A., os quais servirão de base para a compreensão da técnica de elaboração dos fluxos de caixa.

9.2 Demonstrações Financeiras para montagem da Demonstração dos Fluxos de Caixa – DFC

Quadro 9.1 Demonstrações Financeiras – balanço patrimonial

Balanço patrimonial Cia. Jundiaí S.A.					
Ativo			**Passivo**		
	20X2	20X1		20X2	20X1
Circulante	**505.000**	**376.000**	**Circulante**	**437.000**	**245.000**
Disponível	352.000	251.000	Fornecedores	150.000	75.000
Caixa	2.000	1.000	Empréstimos bancários	200.000	100.000
Aplicações financeiras	350.000	250.000	Salários e encargos sociais	24.000	12.000
Direitos realizáveis a curto prazo	**153.000**	**125.000**	Provisão de Imposto de Renda	7.000	5.000
Contas a receber – clientes	120.000	100.000	Provisão de contribuição social	6.000	3.000
Baixas de créditos	(7.000)	(5.000)	Honorários da diretoria a pagar	10.000	5.000
Impostos a compensar	25.000	20.000	Outras provisões	35.000	15.000
Estoques	15.000	10.000	Demais contas a pagar	5.000	30.000
Não Circulante	**1.490.000**	**810.000**	**Não Circulante**	**885.000**	**476.000**
Realizável a longo prazo	**220.000**	**165.000**	Empréstimos e financiamentos	700.000	350.000
Contas a receber – clientes	35.000	15.000	Provisões de contingências	150.000	100.000
Títulos e valores mobiliários	185.000	150.000	Demais contas a pagar	35.000	26.000
Investimentos:	**385.000**	**220.000**	**Patrimônio Líquido**	**673.000**	**465.000**
Participações em outras sociedades	300.000	150.000			
Outros investimentos	85.000	70.000	Capital social	450.000	350.000
Imobilizado:	**885.000**	**425.000**	Reserva de capital	15.000	10.000
Imóveis	800.000	400.000	Reserva de lucros	208.000	105.000
Móveis e utensílios	25.000	10.000			

(continuação)

Cap. 9 • DEMONSTRAÇÃO DOS FLUXOS DE CAIXA (DFC) 81

Quadro 9.1 Demonstrações Financeiras – balanço patrimonial (*continuação*)

Balanço patrimonial Cia. Jundiaí S.A.						
Ativo			Passivo			
	20X2	20X1			20X2	20X1
Equipamentos de informática	50.000	15.000				
Veículos	70.000	25.000				
(–) Depreciação acumulada	(60.000)	(25.000)				
Total do Ativo	**1.995.000**	**1.186.000**	**Total Passivo + PL**		**1.995.000**	**1.186.000**

Quadro 9.2 Demonstrações Financeiras – Demonstração do Resultado do Exercício

Demonstração do Resultado do Exercício Cia. Jundiaí S.A. - CNPJ 43.771.517/0001-80		
	20X2	20X1
Receita operacional bruta		
Vendas de mercadorias, produtos e serviços	3.000.000	2.000.000
(–) Deduções e abatimentos		
Vendas anuladas	(15.000)	(10.000)
Descontos incondicionais concedidos	(70.000)	(45.000)
ICMS sobre vendas	(210.000)	(140.000)
PIS sobre o faturamento (alíquota 1,65% – Lei nº 10.637/2002)	(19.800)	(13.200)
COFINS	(90.000)	(60.000)
(=) Receita operacional líquida	**2.475.200**	**1.651.800**
(–) Custo das vendas e dos serviços prestados	(1.485.000)	(989.000)
(=) Lucro bruto	**990.200**	**662.800**
(–) Despesas operacionais		
Despesas com vendas	(150.000)	(250.000)
Despesas administrativas	(443.048)	(226.709)
Despesas financeiras, líquidas	(82.000)	(27.000)
Outras receitas e despesas operacionais	0	0
(=) Lucro (prejuízo) operacional	**315.152**	**159.091**
(=) Lucro (prejuízo) antes do Imposto de Renda e contribuição social	**315.152**	**159.091**
Imposto de Renda e contribuição social – (alíquota 34%)	107.152	(54.091)
Lucro líquido	**208.000**	**105.000**

Quadro 9.3 Demonstrações Financeiras – DMPL

Demonstração das Mutações do Patrimônio Líquido - DMPL
Cia. Jundiaí S.A. - CNPJ 43.771.517/0001-80

Movimentações	Capital realizado	Reserva de capital		Reservas de lucros					Lucros acumulados	Total
		Ágio na emissão de ações	Outras reservas de capital	Legal	Estatutária	P/ contingência	Orçamentária	Lucros a realizar		
Saldo em 20X1	350.000	0,00	10.000	0,00	0,00	0,00	0,00	0,00	105.000	465.000
Integralização capital	105.000									105.000
Reserva de capital	(5.000)		5.000							0,00
Lucro do exercício									208.000	208.000
Saldo em 20X2	450.000	0,00	15.000	0,00	0,00	0,00	0,00	0,00	208.000	673.000

9.3 Notas Explicativas para montagem da Demonstração dos Fluxos de Caixa – DFC

Mutações ocorridas nas contas de investimento, imobilizado e empréstimos e financiamentos (curto prazo e longo prazo).

Investimentos:
- Compra de ações da Empresa Cia. Araraquara Ltda., valor de R$ 150.000,00.
- Compra de um terreno (não utilizado na operação da Cia.), valor de R$ 15.000,00.

Imobilizado:
- Perda na baixa de Ativo Imobilizado, valor de R$ 5.000,00.
- Despesas com depreciação, valor de R$ 35.000,00.
- Aquisições de bens do Ativo Imobilizado, valor de R$ 490.000,00.

Intangível:
- Despesas com amortização, valor de R$ 9.000,00.
- Aquisição de novas marcas, valor de $ 15.000.

Empréstimos e financiamentos:
- Juros e taxas provisionados, valor de R$ 100.000,00.
- Variações monetárias e cambiais, valor de R$ 50.000,00.
- Captações de novos empréstimos e financiamentos, valor de R$ 350.000,00.
- Amortizações de principal, valor de R$ 50.000,00.

9.4 Método direto

A Demonstração dos Fluxos de Caixa pelo método direto é também denominada Fluxos de Caixa no Sentido Restrito. Muitos se referem a ela como o "verdadeiro fluxo de caixa", porque, ao contrário do que se verifica no método indireto, nele são demonstrados todos os recebimentos e pagamentos que efetivamente concorreram para a variação das disponibilidades no período.

Logicamente, esse instrumento de gestão financeira exige maior esmero em sua elaboração, uma vez que deve ser feito todo um trabalho de segregação das movimentações financeiras, necessitando de controles específicos para esse fim.

A elaboração do método direto inicia-se pelas entradas do caixa que são concretizadas pelos valores efetivamente realizados das vendas (valores recebidos), enquanto a do método indireto inicia-se pelo lucro líquido. Somente depois desse início, deverão ser considerados todos os recebimentos e pagamentos oriundos das operações ocorridas no período.

Quadro 9.4   Fluxo de Caixa – método direto

Demonstração dos Fluxos de Caixa Cia. Jundiaí S.A.		
Caixa inicial em 31.12.20X1		**251.000**
Entradas		
Receita operacional recebida	1.480.000	
Receita financeira	30.000	
Novos financiamentos	350.000	
Integralização de capital	103.000	1.963.000
Saídas		
Fornecedores de mercadorias pagos	(1.180.000)	
Aquisição de bens do imobilizado	(490.000)	
Despesas de vendas pagas	(30.000)	
Despesas administrativas	(100.000)	
Despesas financeiras	(57.000)	
Impostos recolhidos	(5.000)	(1.862.000)
Caixa final em 21.12.20X2		**352.000**

9.5   Explicação sobre os dados obtidos da Contabilidade

Entradas de caixa:

Em reais

Contas a receber – Clientes	
Saldo em 31.12.20X1	100.000
Receitas operacionais recebidas	(1.480.000)
Vendas a prazo	1.500.000
Saldo em 31.12.20X2	120.000

É evidente que as receitas operacionais demonstradas no resultado do exercício (DRE) não foram totalmente recebidas, pois há saldo de contas a receber – clientes, no balanço patrimonial. Assim, do montante da receita de R$ 3.000.000, conforme DRE, R$ 1.500.000 não foram recebidos.

Considerando-se que a receita operacional foi de R$ 3.000.000 (–) R$ 1.500.000 de vendas a prazo, o restante do valor, R$ 1.480.000, entrou no caixa da empresa.

Em reais

Aplicações financeiras	
Saldo em 31.12.20X1	250.000
Rendimentos de juros	30.000
Novas aplicações	100.000
Resgates durante o exercício	(30.000)
Saldo em 31.12.20X2	350.000

Conforme demonstra o quadro de mutações ("Aplicações financeiras"), as receitas financeiras que afetaram o caixa foram apenas os resgates durante o exercício, ou seja, R$ 30.000.

Por fim, no Patrimônio Líquido, depura-se que houve um aumento de capital em dinheiro de R$ 105.000.

Saídas:

Em reais

Fornecedores	
Saldo em 31.12.20X1	75.000
Pagamentos durante o exercício	(1.180.000)
Apropriações durante o exercício	1.255.000
Saldo em 31.12.20X2	150.000

Em Notas Explicativas, constata-se que a empresa comprou matérias-primas no valor de R$ 1.255.000, mas não pagou tudo, pois a conta apresenta, em 20X2, um aumento do valor de R$ 75.000, comparados com o exercício anterior. Durante o ano de 20X2, a empresa pagou R$ 1.180.000, deixando, em seu Passivo, na conta fornecedores, um acréscimo de R$ 75.000.

A seguir, serão explicitadas as aquisições do Ativo Imobilizado, conforme foram, anteriormente, demonstradas em Notas Explicativas.

Em reais

Ativo – Imobilizado	
Saldo em 31.12.20X1	425.000
Perda na baixa de imobilizado	5.000
Depreciação do ano	(35.000)
Aquisições de bens do imobilizado	490.000
Saldo em 31.12.20X2	885.000

9.6 Explicação sobre a Demonstração dos Fluxos de Caixa (método indireto)

No método indireto, parte-se do lucro líquido para que, após os ajustes necessários, se possa chegar ao valor das disponibilidades produzidas no período.

Os ajustes são necessários porque algumas despesas consideradas na Demonstração do Resultado do Exercício – DRE não representam saída de dinheiro; são as chamadas despesas não desembolsáveis, contribuindo para a redução do resultado do exercício, como exemplo:

- provisões;
- perdas na baixa de imobilizado;
- depreciação;
- amortização;
- variações monetárias;
- provisões para devedores duvidosos (baixa de crédito).

Esses itens não significam desembolso (caixa), mas, sim, fatos econômicos.

Após os ajustes do resultado, utiliza-se uma técnica bastante simples para elaboração da Demonstração dos Fluxos de Caixa que consiste em apurar as variações ocorridas nas contas do Ativo e do Passivo.

Nesta técnica, os aumentos em contas do Ativo representam uma variação negativa na Demonstração dos Fluxos de Caixa. No Passivo, ocorre o contrário, uma diminuição representa uma variação negativa no Demonstrativo e um aumento significa uma variação positiva.

Dessa forma, partindo-se do resultado da DRE, ajustando-o para eliminar efeitos que não representam aumento ou saída de caixa e verificando-se a variação das contas de Ativo, chegar-se-á ao fluxo de caixa gerado no período.

A seguir, demonstraremos, na prática, a elaboração da DFC.

9.6.1 Planilha de preparação dos fluxos de caixa (método indireto)

De posse das Demonstrações Financeiras do Item 9.2, Notas Explicativas para montagem dos fluxos de caixa – DFC do Item 9.3 e explicação Item 9.6, vamos preparar uma planilha em Exce que irá facilitar a montagem da Demonstração dos Fluxos de Caixa, método indireto, conforme segue:

Quadro 9.5 Planilha do fluxo de caixa

FLUXOS DE CAIXA – MÉTODO INDIRETO Cia. Jundiaí S.A.																		
⬇1	Disponível	Clientes	PDD	Impostos a compensar	Estoques	Contas a receber	Títulos e valores mob.	Investimentos	Imobilizado	Intangível	Fornecedores a pagar	Empréstimos financiamento CP/LP	Salários e honorários	Impostos e contribuições	Demais contas a pagar CP/LP	Provisões CP/LP	Patrimônio Líquido	2 Fluxo
(+) Balanço patrimonial em 20X1	251.000	100.000	(5.000)	20.000	10.000	15.000	150.000	220.000	425.000	24.000	75.000	450.000	17.000	8.000	80.000	115.000	465.000	
(–) Balanço patrimonial em 20X2	352.000	120.000	(7.000)	25.000	15.000	35.000	185.000	385.000	885.000	30.000	150.000	900.000	34.000	13.000	70.000	185.000	673.000	
Movimentação do período 20X1 para 20X2	101.000	20.000	(2.000)	5.000	5.000	20.000	35.000	165.000	460.000	6.000	(75.000)	(450.000)	(17.000)	(5.000)	10.000	(70.000)	(208.000)	
Fluxo de caixa das atividades operacionais																		
Lucro líquido (prejuízo) do período																	103.000	103.000
Ajustes para reconciliação do lucro																		
Provisões																70.000		70.000
Perda na baixa do Ativo Imobilizado										(5.000)								(5.000)
Depreciação										35.000								35.000
Amortização											9.000							9.000
Juros e taxas calculados sobre empréstimos e financiamento													100.000					100.000

(continua)

Quadro 9.5 Planilha do fluxo de caixa (*continuação*)

	Disponível	Clientes	PDD	Impostos a compensar	Estoques	Contas a receber	Títulos e valores mob.	Investimentos	Imobilizado	Intangível	Fornecedores a pagar	Empréstimos financiamento CP/LP	Salários e honorários	Impostos e contribuições	Demais contas a pagar CP/LP	Provisões CP/LP	Patrimônio Líquido	Fluxo
Variações monetárias e cambiais de empréstimos/ financ.												50.000						50.000
Provisões para Devedores Duvidosos – PDD			2.000															2.000
																		364.000
(Aumento) diminuição de Ativos																		
Clientes – curto e longo prazo		(20.000)				(20.000)												(40.000)
Estoques					(5.000)													(5.000)
Impostos e contribuições a compensar				(5.000)														(5.000)
Demais contas a receber						(35.000)												(35.000)
Aumento (diminuição) de passivo																		
Fornecedores a pagar											75.000							75.000
Salários e honorários													17.000					17.000

CONTABILIDADE PARA EXECUTIVOS | Marion • Cardoso • Rios

Descrição				Total
Impostos e contribuições		5.000		5.000
Demais contas a pagar		(10.000)		(10.000)
				87.000
Caixa líquido proveniente das atividades operacionais				366.000
Fluxo de caixa das atividades de investimentos				366.000
Aumento de investimento	(165.000)			(165.000)
Aquisição de bens do imobilizado	(490.000)			(490.000)
Aumento do diferido	(15.000)			(15.000)
Caixa líquido aplicado nas atividades de invest.				(670.000)
Fluxo de caixa das atividades de financiamentos				
Captações de recursos		350.000		350.000
Amortizações de principal		(50.000)		(50.000)
Integralização de capital			105.000	105.000

(continua)

Quadro 9.5 Planilha do fluxo de caixa (continuação)

FLUXOS DE CAIXA – MÉTODO INDIRETO Cia. Jundiaí S.A.

	Disponível	Clientes	PDD	Impostos a compensar	Estoques	Contas a receber	Títulos e valores mob.	Investimentos	Imobilizado	Intangível	Fornecedores a pagar	Empréstimos financiamento CP/LP	Salários e honorários	Impostos e contribuições	Demais contas a pagar CP/LP	Provisões CP/LP	Patrimônio Líquido	Fluxo
Caixa líquido nas atividades de financiamentos																		405.000
Aumento (diminuição) líquido no caixa equiv.																		101.000
Caixa no início do exercício	(251.000)																	(251.000)
Caixa no final do exercício	352.000																	352.000
Variação de caixa	(101.000)																	101.000
Total do balanço patrimonial X1/X2		20.000	(2.000)	5.000	5.000	20.000	35.000	165.000	460.000	6.000	(75.000)	(450.000)	(17.000)	(9.000)	10.000	(70.000)	(208.000)	-

Referências numeradas: 3, 4, 5, 6, 7, 8, 9, 10, 11, 12, 13, 14, 15, 16, 17, 18, 19, 20

9.6.2 Ajustes do lucro líquido

Existem lançamentos contábeis que representam ajustes em contas de Ativo e de Passivo, para torná-los economicamente mais próximos à realidade, mas que não representam acréscimos nem desembolsos no caixa. Todos esses lançamentos devem ter seus efeitos retirados do resultado do exercício na Demonstração dos Fluxos de Caixa.

Vejamos, como exemplo, o caso da depreciação. Esta representa um desgaste de Ativos Imobilizados e deve ser reconhecida contabilmente. Esse reconhecimento representa uma despesa no resultado (diminuição) dessa companhia. Contudo, não houve saída de dinheiro do caixa, ou seja, o caixa não sofreu alteração com esse lançamento. Dessa forma, precisamos expurgá-lo da DFC da seguinte maneira:

Na DRE (de forma didática), temos:

DRE – Exemplo	
Receitas	500.000
(–) Despesas	
[...]	(300.000)
Depreciação	(50.000)
(=) Resultado	150.000

Veja que o resultado contábil é de $ 150.000. Contudo, sabemos que a depreciação não representa um desembolso de caixa. Então, o resultado financeiro correto (caixa gerado) é de $ 200.000. Dessa forma, na DFC teremos o seguinte ajuste:

DFC – Exemplo	
Atividades operacionais	
Lucro líquido do exercício	150.000
(+) Depreciação	50.000
(=) Lucro líquido ajustado	**200.000**

O ajuste do resultado deverá constar do fluxo de atividades operacionais.

9.6.3 Os fluxos de caixa

A Demonstração dos Fluxos de Caixa é dividida em três fluxos de atividades que geram ou consomem caixa:

- Atividades operacionais;
- Atividades de investimentos;
- Atividades de financiamentos.

CONTABILIDADE PARA EXECUTIVOS | Marion • Cardoso • Rios

A classificação em cada fluxo, em regra geral, se dá da seguinte forma:

Classificação dos fluxos	
Atividades operacionais	Variação das contas de Ativo Circulante e Passivo Circulante
Atividades de investimentos	Variação das contas de Ativo Não Circulante
Atividades de financiamentos	Variação das contas de Passivo Não Circulante e Patrimônio Líquido

Como toda regra tem exceção, é preciso tomar cuidado para a correta classificação nos fluxos. Por exemplo, um empréstimo bancário de curto prazo está registrado no Passivo Circulante, pela regra, se é Circulante, sua variação deveria constar no fluxo de atividades operacionais, contudo sabemos que um empréstimo é um financiamento e, portanto, deverá constar desse fluxo.

Vejamos a seguir a Demonstração dos Fluxos de Caixa da companhia Jundiaí S.A.

Quadro 9.6 Demonstração dos Fluxos de Caixa

	Demonstração dos Fluxos de Caixa – Método indireto Companhia Jundiaí S.A. - CNPJ 43.771.517/0001-80 Cia. Jundiaí S.A.	
1	FLUXO DE CAIXA DAS ATIVIDADES OPERACIONAIS	
2	Lucro líquido (prejuízo) do período	103.000
3	AJUSTES PARA RECONCILIAÇÃO DO LUCRO:	
4	Provisões	70.000
5	Perda na baixa do Ativo Imobilizado	(5.000)
6	Depreciação	35.000
7	Amortização	9.000
8	Juros e taxas calculados sobre empréstimos e financiamento	100.000
9	Variações monetárias e cambiais de empréstimos/financiamentos	50.000
10	Provisões para Devedores Duvidosos – PDD	2.000
11		**364.000**
12	(AUMENTO) DIMINUIÇÃO DE ATIVOS:	
13	Clientes – curto e longo prazo	(40.000)
14	Estoques	(5.000)
15	Impostos e contribuições a compensar	(5.000)
16	Demais contas a receber	(35.000)
17		**(85.000)**
18	AUMENTO (DIMINUIÇÃO) DE PASSIVOS:	
19	Fornecedores a pagar	75.000
20	Salários e honorários	17.000
21	Impostos e contribuições	5.000

(continua)

Quadro 9.6 Demonstração dos Fluxos de Caixa (*continuação*)

	Demonstração dos Fluxos de Caixa – Método indireto Companhia Jundiaí S.A. - CNPJ 43.771.517/0001-80 Cia. Jundiaí S.A.	
22	Demais contas a pagar	(10.000)
23		**87.000**
24	CAIXA LÍQUIDO PROVENIENTE DAS ATIVIDADES OPERACIONAIS	**366.000**
26	FLUXO DE CAIXA DAS ATIVIDADES DE INVESTIMENTOS:	
27	Novos investimentos	(165.000)
28	Aquisições de bens do imobilizado	(490.000)
29	Aumento no intangível	(15.000)
30	CAIXA LÍQUIDO APLICADO NAS ATIVIDADES DE INVESTIMENTOS	**(670.000)**
32	FLUXO DE CAIXA DAS ATIVIDADES DE FINANCIAMENTOS:	
33	Captações de recursos	350.000
34	Amortizações de principal	(50.000)
35	Integralização de capital	105.000
36	CAIXA LÍQUIDO NAS ATIVIDADES DE FINANCIAMENTOS	**405.000**
37		
38	AUMENTO (DIMINUIÇÃO) LÍQUIDO NO CAIXA	**101.000**
39		
40	Caixa no início do exercício	(251.000)
41	Caixa no final do exercício	352.000
42	VARIAÇÃO DE CAIXA	**101.000**

9.7 Explicação da montagem da Demonstração dos Fluxos de Caixa – método indireto

Este método de elaboração da Demonstração dos Fluxos de Caixa – DFC foi aperfeiçoado nos exames de auditoria, que consideramos o método mais prático e didático, e o leitor entenderá as mutações ocorridas em cada grupo de contas do Balanço Patrimonial, que aqui vamos chamar de **método indireto horizontal**.

A elaboração do **método indireto horizontal** fica bem fácil quando desenvolvido em uma planilha do Excel. Para explicar essa elaboração, enumeramos todas as passagens de 1 a 21, constantes no Quadro 9.5 – Planilha do fluxo de caixa.

Conforme já explicado, nas variações das contas de Ativo, as contas que apresentam saldos maiores que o exercício anterior deverão apresentar uma variação negativa no fluxo de caixa, porque entendemos que houve uma redução de caixa. Enquanto, ao contrário, entendemos que houve um acréscimo. Por outro lado, um aumento de Passivo gera um aumento no caixa, ou seja, evitando uma saída de caixa, podemos utilizar o dinheiro para outras finalidades.

CONTABILIDADE PARA EXECUTIVOS | Marion • Cardoso • Rios

Segue explicação da elaboração da Demonstração dos Fluxos de Caixa – método indireto:

1 De posse do Balanço Patrimonial da empresa Cia. Jundiaí S.A., referente aos exercícios de 20X1 e 20X2, delinear uma planilha do Excel dos grupos de contas do BP, conforme demonstrado no Quadro 9.5. Na linha de baixo, colocam-se os valores dos grupos de contas do BP de 20X1; na próxima linha, os valores do BP de 20X2; na linha seguinte, elaborar uma equação de subtração, gerando uma variação dos grupos de contas do Balanço Patrimonial.

2 A última coluna da planilha do Fluxo de Caixa deverá ser transferida para a Demonstração dos Fluxos de Caixa (Quadro 9.6).

3 O grupo do **disponível** gerou uma variação de $ 101.000, que basicamente é a variação de caixa, conforme demonstrado no Quadro 9.6:

Caixa no início do exercício	($ 251.000)
Caixa no final do exercício	$ 352.000
Variação positiva	$ 101.000

Na realidade, essa variação serve para fazer a comprovação da exatidão da Demonstração dos Fluxos de Caixa, porque essa parte do lucro líquido deverá chegar exatamente a essa variação de $ 101.000.

4 O grupo de **contas a receber – clientes** teve uma variação de $ 20.000. No método indireto, não há necessidade de demonstrar todos os pagamentos, e sim sua variação; já no método direto, são demonstrados todos os pagamentos e recebimentos.

5 **Provisão para Devedores Duvidosos – PDD** teve uma variação de ($ 2.000) em comparação com o exercício 20X1

6 **Impostos a compensar** tiveram uma variação de $ 5.000.

7 **Estoque**, no exercício de 20X1, tinha um saldo de $ 10.000 e, em 20X2, de $ 15.000, neste caso, houve uma variação positiva de $ 5.000, o que gera uma variação negativa no caixa, pelo entendimento de que a empresa comprou mais.

8 **Contas a receber – clientes**, o saldo em 20X1 era de $ 15.000 e passou para $ 35.000 em 20X2, portanto, houve um aumento de recebíveis, dinheiro que deixou de entrar no caixa, gerando assim uma variação negativa de $ 20.000 no demonstrativo.

9 **Título e valores a receber** apresentam uma variação de $ 35.000, comparados com o exercício anterior. Nesse caso, a empresa comprou mais títulos e, portanto, a variação no fluxo de caixa é negativa.

10 **Investimentos** apresentam uma variação positiva de $ 165.000, em decorrência de a empresa Cia. Jundiaí S.A. ter comprado ações da empresa

Cap. 9 • DEMONSTRAÇÃO DOS FLUXOS DE CAIXA (DFC) **95**

Cia. Araraquara, valor de $ 150.000, e da aquisição de um terreno (não utilizado na operação da Cia.), valor de $ 15.000.

11 *Imobilizado*, a variação de imobilizado foi de $ 460.000, e, conforme informações das Notas Explicativas, apresenta as seguintes mutações:

a) Perda na baixa de imobilizado, valor de $ 5.000.

b) Depreciação realizada no exercício, valor de $ 35.000.

c) Aquisição de bens do imobilizado, valor de $ 490.000.

12 *Intangível* apresenta uma variação positiva, sendo assim, deverá apresentar uma variação negativa no fluxo de caixa.

13 *Fornecedor a pagar* apresenta uma variação de $ 75.000, ou seja, capital de terceiros contribuiu com o caixa.

14 *Empréstimos e financiamentos* apresentam variação de $ 450.000, e, conforme a Notas Explicativas, têm-se as seguintes mutações:

a) Juros calculados e apropriados no exigível a longo prazo, valor de $ 100.000.

b) Variações monetárias e cambiais no exigível a longo prazo, valor de $ 50.000.

c) Captações de recursos (novos empréstimos), valor de $ 350.000.

d) Amortização de principal, valor de $ 50.000.

15 *Salários e honorários da diretoria* apresentam variação de $ 17.000 positiva, ou seja, a empresa deixou de pagar aos funcionários e à diretoria, sendo assim, o valor vai positivo no fluxo de caixa.

16 *Impostos e contribuições* apresentam variação de $ 5.000; o saldo em X1 era de R$ 8.000 e passou em X2 para $ 13.000.

17 *Demais contas a pagar* apresentam variação de $ 10.000; o saldo em X1 era de $ 80.000 e passou em X2 para $ 70.000.

18 *Provisões – curto e longo prazo* apresentam variação de $ 70.00. Como as provisões não visam aos desembolsos (caixa), ajustamos o lucro.

19 *Patrimônio Líquido*, variação de $ 208.000, e, conforme informações contidas na Demonstração das Mutações do Patrimônio Líquido, este grupo de contas apresenta as seguintes mutações:

a) Lucro líquido do exercício, valor de $ 103.000.

b) Integralização de capital, valor de $ 105.000.

20 Estas linhas servem para conferência das mutações ocorridas nos grupos de contas do balanço patrimonial, conforme demonstra saldos com valor zero.

Esse modelo (planilha) serve apenas para elaborar o fluxo de caixa, que posteriormente serve de base para a elaboração da DFC para publicação, conforme Quadro 9.6.

9.8 Demonstração dos Fluxos de Caixa *versus* Fluxo de caixa financeiro

A Demonstração dos Fluxos de Caixa é um demonstrativo contábil que tem por base demonstrativos contábeis já prontos, como o balanço patrimonial, a Demonstração de Resultados do Exercício e a Demonstração das Mutações do Patrimônio Líquido. Portanto, sua função é evidenciar a variação de caixa e equivalentes de caixa, fazendo conexão com o resultado contábil. Dessa forma, ela é baseada em fatos já passados, podendo servir para elaboração de estratégias e análises de futuro e, portanto, ser usada de forma preditiva.

Contudo, é preciso que se faça uma clara distinção entre esse demonstrativo e a elaboração do fluxo de caixa financeiro de uma companhia. O fluxo de caixa financeiro tem outra forma de elaboração e deve ser feito antecipadamente aos fatos financeiros que virão, ou seja, é um instrumento puro de planejamento financeiro.

Dessa maneira, passaremos a seguir a comentar sobre planejamento financeiro e fluxo de caixa financeiro.

9.9 Planejamento financeiro

É importante planejar corretamente o fluxo de caixa de seu negócio. Em outras palavras, é preciso saber exatamente quanto dinheiro você poderá ter disponível e se será suficiente para cumprir suas obrigações (pagar contas diversas, considerando os custos fixos, como aluguel de imóvel e salários de empregados, e os custos variáveis, como impostos, taxas e contas de luz, água, aquecimento etc.).

O fluxo de caixa financeiro opera em ciclos, desde a compra de estoques até o recebimento do dinheiro decorrente da venda de seus produtos a prazo. A análise do fluxo de caixa basicamente mostrará a relação entre a **despesa** (*outflow*) decorrente do cumprimento das obrigações e a **receita** (*inflow*) obtida pela venda de seus produtos. A combinação da entrada e saída de dinheiro pode resultar em saldo positivo ou negativo. É conveniente que, ao longo do mês, você tenha saldo em dinheiro suficiente para pagar suas obrigações.

A projeção mensal do fluxo de caixa ajuda a identificar e eliminar déficits e mesmo superávits. Se o fluxo de caixa for deficitário, você precisará alterar seus planos financeiros para conseguir mais dinheiro. Por outro lado, um fluxo de caixa superavitário pode indicar que se pediu dinheiro emprestado em excesso ou que os recursos que estão sobrando poderiam ser investidos. O objetivo é desenvolver um plano que proporcione um fluxo de caixa equilibrado.

Caso o fluxo de caixa esteja deficitário, existem várias formas pelas quais pode-se buscar aumentar suas reservas. A mais conhecida é o aumento de vendas. Porém, caso grande parte de suas vendas seja feita a crédito, o aumento de vendas não resultará necessariamente em incremento imediato dos recursos à sua disposição. Além disso, seu estoque ficará desfalcado e precisará ser reposto, o que aumentará suas despesas.

Você deverá cobrar de seus clientes todos os pagamentos em atraso. Se você não for eficiente na cobrança de seus créditos, tenderá a perder recursos. Quanto mais tempo seus clientes levarem para pagá-lo, mais difícil será para recuperar a totalidade de seus créditos.

Você também poderá aumentar suas reservas restringindo suas vendas a crédito. Quanto mais seus clientes pagarem à vista, mais recursos você terá disponíveis e menores serão os custos de cobrança e inadimplência. No entanto, a restrição de crédito poderá também implicar uma redução das vendas. Portanto, você precisará avaliar a conveniência de manter, no longo prazo, uma política de crédito mais ou menos restrita. Outra opção de aumento de recursos para cobrir déficits temporários em seu fluxo de caixa é a tomada de empréstimos de curto prazo, como os *revolving credit lines* ou os *equity loans*.

O planejamento financeiro deve envolver a planificação das receitas e despesas dentro de um método de fluxo de caixa.

Mas, afinal, o que é um planejamento financeiro? É um método em que é estabelecida uma meta financeira que **deve ser atingida** em suas duas dimensões: prazo e valor.

Agora que já sabemos o que é um planejamento financeiro, vejamos por que ele é tão necessário. Para o processo de elaboração de um planejamento financeiro, precisaremos de:

a) Entradas de caixa;
b) Saídas de caixa;
c) Demonstrativo de Fluxo de Caixa Operacional;
d) Demonstrativo de Fluxo de Caixa Livre.

As entradas de caixa de uma empresa devem estar de acordo com a política de concessão de crédito. Vamos realizar um exemplo:

Digamos que "nossa empresa", Cia. Jundiaí S.A., é uma confecção de roupas que vende, por mês, $ 3.000,00, só que recebe 20% à vista, 30% em 30 dias e 50% em 60 dias. Dessa forma, temos:

Mês	Vendas realizadas	Vendas recebidas à vista	Vendas recebidas em 30 dias	Vendas recebidas em 60 dias	Total dos recebimentos
Jan.	3.000,00	600,00	-	-	600,00
Fev.	3.000,00	600,00	900.00	-	1.500,00
Mar.	3.000,00	600,00	900.00	1.500,00	3.000,00

(continua)

Continuação

Mês	Vendas realizadas	Vendas recebidas à vista	Vendas recebidas em 30 dias	Vendas recebidas em 60 dias	Total dos recebimentos
Abr.	3.000,00	600.00	900.00	1.500,00	3.000,00
Maio	3.000,00	600.00	900.00	1.500,00	3.000,00
Jun.	3.000,00	600.00	900.00	1.500,00	3.000,00
Jul.	3.000,00	600.00	900.00	1.500,00	3.000,00
Ago.	3.000,00	600.00	900.00	1.500,00	3.000,00
Set.	3.000,00	600,00	900.00	1.500,00	3.000,00
Out.	3.000,00	600,00	900.00	1.500,00	3.000,00
Nov.	3.000,00	600,00	900.00	1.500,00	3.000,00
Dez.	3.000,00	600,00	900.00	1.500,00	3.000,00

Como podemos observar, qualquer nível de inadimplência das vendas a prazo pode afetar o planejamento financeiro da empresa. Digamos que a empresa espera receber o fluxo de caixa apresentado, mas, por causa de maus critérios de concessão de crédito, obteve taxa média de inadimplência de 15% em 30 dias e 25% em 60 dias. Com isso, teremos:

Mês	Vendas realizadas	Vendas recebidas à vista	Vendas recebidas em 30 dias (*)	Vendas recebidas em 60 dias (**)	Total dos recebimentos
Jan.	3.000,00	600,00	-	-	600,00
Fev.	3.000,00	600,00	765,00	-	1.365,00
Mar.	3.000,00	600,00	765,00	1.125,00	2.490,00
Abr.	3.000,00	600,00	765,00	1.125,00	2.490,00
Maio	3.000,00	600,00	765,00	1.125,00	2.490,00
Jun.	3.000,00	600,00	765,00	1.125,00	2.490,00
Jul.	3.000,00	600,00	765,00	1.125,00	2.490,00
Ago.	3.000,00	600,00	765,00	1.125,00	2.490,00
Set.	3.000,00	600,00	765,00	1.125,00	2.490,00
Out.	3.000,00	600,00	765,00	1.125,00	2.490,00
Nov.	3.000,00	600,00	765,00	1.125,00	2.490,00
Dez.	3.000,00	600,00	765,00	1.125,00	2.490,00

(*) 15% de inadimplências.
(**) 25% de inadimplências.

Por que é tão importante planejar e organizar os fluxos de entrada de caixa? O principal motivo é **planejar as despesas e o fluxo de caixa**.

Cap. 9 • DEMONSTRAÇÃO DOS FLUXOS DE CAIXA (DFC)

A necessidade de planejar adequadamente o fluxo de caixa é diminuir a necessidade de financiamento da empresa. Voltando ao nosso exemplo, digamos que a empresa paga aos funcionários, a cada 15 dias, o valor de $ 750,00, e os fornecedores, em 45 dias, o valor de $ 1.000,00.

Dias	Salários	Fornecedores	Total
15	750,00	-	750,00
30	750,00	-	750,00
45	750,00	1.000,00	1.750,00

O sonho de todo tesoureiro e gestor financeiro é "casar" as entradas e as saídas de caixa, mas isso nem sempre é possível. Então, vamos ver como ficou no nosso exemplo:

Dias	Receitas	Despesas			Fluxo de caixa	Saldo de caixa
		Salários	Fornecedores	Total		
0	600,00	-	-	-	600,00	600,00
15	-	(750,00)	-	(750.,00)	(750.,00)	(150,00)
30	1.500,00	(750,00)	-	(750,00)	750,00	600,00
45	-	(750,00)	(1.000,00)	(1.750,00)	(1.750,00)	(1.150,00)
60	3.000,00	(750,00)	-	(750,00)	2.250,00	1.100,00

Vamos realizar novamente este exemplo com os índices de inadimplência citados anteriormente:

Dias	Receitas	Despesas			Fluxo de caixa	Saldo de caixa
		Salários	Fornecedores	Total		
0	600,00	-	-	-	600,00	600,00
15	-	(750,00)	-	(750.,00)	(750.,00)	(150,00)
30	1.365,00	(750,00)	-	(750,00)	615,00	465,00
45	-	(750,00)	(1.000,00)	(1.750,00)	(1.750,00)	(1.285,00)
60	3.000,00	(750,00)	-	(750,00)	1,740,00	4550,00

O que devemos fazer quando o saldo do caixa for negativo? Tomar dinheiro emprestado dos bancos e pagar os juros sobre os empréstimos, ou buscar outras formas de captação de recursos, como sócios e acionistas, por exemplo.

EXERCÍCIOS

1. O que você entende como instrumento de fluxo de caixa e Demonstração dos Fluxos de Caixa?

2. Qual o significado da palavra "fluxo"?

3. O Sr. José Farias, administrador de empresas, prestou serviços de consultoria para uma empresa no mês de março, cujo valor a receber em abril seria de $ 10 mil. Todavia, no mês de abril, a tomadora dos seus serviços pagou somente a metade do seu contrato, alegando problemas financeiros. As despesas consumidas no mês de abril do Sr. José Farias foram na ordem de $ 7.000,00. No entanto, no mês de abril, ele resolveu pagar somente a metade das despesas, e o restante ficou para pagar no mês de maio (cartão de crédito). Demonstre, de forma simplificada, o fluxo de caixa financeiro do mês de abril do Sr. José Farias.

4. Demonstração dos Fluxos de Caixa ou Demonstração dos Fluxos do Disponível? Justifique.

5. Comente sobre a obrigatoriedade da publicação da DFC e sua utilização como complemento nas tomadas de decisões, principalmente nas pequenas e médias empresas.

6. Explique o motivo de o caixa ou disponível – no balanço patrimonial – ser diferente do lucro do exercício, na Demonstração do Resultado do Exercício.

7. "O fluxo de caixa projetado visa definir um montante no caixa adequado para cobrir os compromissos que vão surgindo." O que se faz quando detectamos que o dinheiro será insuficiente para fazer frente aos compromissos? E qual seria sua atitude se constatasse que tinha havido excesso de recursos financeiros em determinado período?

8. Enumere quais são as principais transações, no fluxo de caixa indireto, que:
   a) aumentam o disponível;
   b) diminuem o disponível;
   c) não afetam o disponível.

9. Quais são as Demonstrações Financeiras indicadas que servirão de base para elaboração dos fluxos de caixa indireto?

10. A Syu Alimentos Ltda. – EPP iniciou suas atividades em dezembro de 20X0. O capital social foi integralizado em dinheiro no valor de $ 100.000,00. Logo no início, foram realizadas algumas operações que deixaram o gerente confuso, pois este perdeu o controle do saldo do caixa. Faça uma Demonstração dos Fluxos de Caixa – método direto, considerando os fatos a seguir:

a) Vendas à vista	$ 20.000,00
b) Compras à vista	$ 40.000,00
c) Despesas administrativas pagas	$ 5.000,00
d) Tributos pagos	$ 4.000,00
e) Adiantamento a empregados	$ 1.000,00
f) Juros recebidos, referentes às aplicações	$ 500,00
g) Despesas financeiras	$ 300,00

Cap. 9 • DEMONSTRAÇÃO DOS FLUXOS DE CAIXA (DFC) 101

11. Elabore a Demonstração do Fluxo de Caixa (DFC) – métodos direto e indireto.

12. No exercício 10, propomos elaborar a DFC – método direto partindo de fatos contábeis. No exercício 11, propomos elaborar a DFC, ambos os métodos, partindo dos Relatórios Contábeis. Como isso é possível? Qual o procedimento correto? Explique.

13. Ao elaborar as DFC, considera-se o Regime de Competência ou o Regime de Caixa? Por que a despesa com depreciação não afeta a DFC? Justifique.

14. O item *disponível* no balanço patrimonial é econômico e representa a total solvência das empresas. Analise essa afirmação, dizendo se é falsa ou verdadeira e justifique.

15. Explique quando o capital é aumentado com recursos particulares dos próprios sócios e não afeta o caixa.

16. O que você entende por capital de giro, capital circulante líquido e liquidez?

17. Elabore um fluxo de caixa – método indireto da empresa Cia. Rio Bonito S.A.

Balanço patrimonial							
Ativo				**Passivo e PL**			
Circulante	2003	2004	2005	Circulante	2003	2004	2005
Disponível	1.000	1.500	2.000	Diversos a pagar	4.000	8.000	15.000
Duplicatas a receber	4.000	6.000	7.000	Fornecedores	1.000	2.000	3.000
Estoque	5.000	7.500	11.000	Exigível a LP	5.000	10.000	18.000
	10.000	15.000	20.000	**Não Circulante**			
Não Circulante				Financiamento a pagar	5.000	5.000	2.000
Investimento	5.000	10.000	20.000	**Patrimônio Líquido**			
Imobilizado	5.000	10.000	10.000	Capital + Reservas	10.000	20.000	30.000
Total	20.000	35.000	50.000	Total	20.000	35.000	50.000

DRE			
	2003	2004	2005
Vendas	30.000	45.000	60.000
(–) Custos*	(5.000)*	(10.000)*	(15.000)*
Lucro bruto	25.000	35.000	45.000
(–) Despesas			
De vendas	(2.000)	(4.000)	(6.000)
Administrativas	(4.000)	(5.000)	(6.000)
Financeiras	(10.000)	(11.000)	(18.000)
Lucro operacional	9.000	15.000	15.000
(–) Imposto de Renda	(4.000)	(5.000)	(5.000)
Lucro líquido	5.000	10.000	10.000

* Compras = ?
CMV = EI + C – EF

10 Demonstração do Valor Adicionado (DVA)

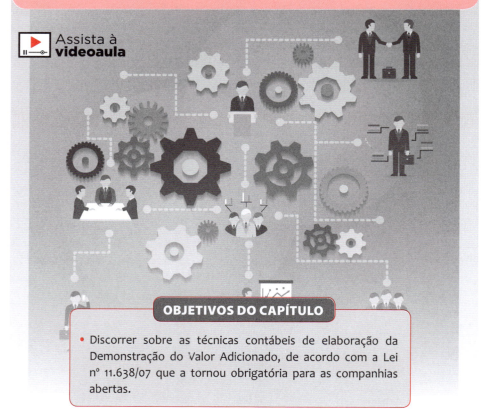

Assista à videoaula

OBJETIVOS DO CAPÍTULO

- Discorrer sobre as técnicas contábeis de elaboração da Demonstração do Valor Adicionado, de acordo com a Lei nº 11.638/07 que a tornou obrigatória para as companhias abertas.

O surgimento desse novo recurso contábil deu-se na Europa, mormente na França, Inglaterra e Alemanha. Com o apoio incondicional da ONU, a Demonstração do Valor Adicionado (DVA) vem recebendo uma aceitação, cada vez mais intensa, nos meios internacionais.

As informações veiculadas por meio da elaboração da DVA são tão importantes que alguns países emergentes só aceitam a instalação e a manutenção de uma empresa transnacional, se houver a Demonstração do Valor Adicionado que irá produzir.

Cap. 10 • DEMONSTRAÇÃO DO VALOR ADICIONADO (DVA) **103**

A necessidade da DVA justifica-se, pois sua elaboração evidencia o grau de riqueza produzida por uma empresa, demonstrando o quanto ela adicionou de valores a seus fatores de produção, a forma como essa riqueza foi distribuída (entre empregados, governos, acionistas, financiadores de capital) e o quanto ficou retido na empresa.

Além dessas evidências, a DVA esclarece os componentes geradores do valor adicionado à distribuição entre empregados, financiadores, acionistas, governo e outros, bem como à parcela retida para reinvestimento.

Do ponto de vista macroeconômico, sua utilidade revela o somatório dos valores adicionados (ou valores agregados) de um país, ou seja, seu Produto Interno Bruto (PIB).

10.1 Valor Adicionado/Balanço Social

O Balanço Social visa dar informações relativas ao desempenho econômico e social da empresa para a sociedade em geral, tais como: quantidade de funcionários (entrando e saindo), gastos com treinamento, benefícios sociais espontâneos etc. O principal item do Balanço Social é o Valor Adicionado.

Com a Lei nº 11.638/07, a Demonstração do Valor Agregado passa a ser obrigatória para as companhias abertas.

Muito comum nos países da Europa Ocidental, o *Valor Adicionado ou Valor Agregado* procura evidenciar para quem a empresa está canalizando a renda obtida; ou, em outras palavras, admitindo que o valor que a empresa adiciona por meio de sua atividade seja um "bolo", para quem estão sendo distribuídas as fatias e de que tamanho elas são.

Se subtrairmos das *vendas* todas as *compras* de bens e serviços, teremos o montante de recursos que a empresa gera para remunerar salários, juros, impostos e reinvestir em seu negócio. Os recursos financeiros gerados levam-nos a contemplar o montante de valor que a empresa está agregando (adicionando) como consequência de sua atividade. O Valor Agregado seria o PIB da empresa. A soma de todos os Valores Agregados das empresas daria o PIB do país.

Imagine, por exemplo, a *prefeitura* de uma cidade ter que tomar a decisão de receber ou não determinada empresa em seu Município. A pergunta correta seria: quanto determinada empresa, se implantada no Município, vai agregar, em renda, para a região?

Por causa dessa empresa, o gasto do Município será maior, pois terá que investir em infraestrutura e em sua manutenção em função de uma nova demanda. Admite-se, em uma análise simplista, que a prefeitura terá gastos adicionais anuais na área de ensino, saúde, segurança, ambiente (despoluição de rio e outros) no total de $ 550, tudo em decorrência da instalação da nova empresa. Para melhor análise, ela solicita uma Demonstração do Valor Adicionado da empresa, que mostra o seguinte:

Vendas	Ano 1	%	Ano 2	%
(–) Compras de bens/serviços	5.000	–	5.000	–
Valor Adicionado	(2.500)	–	(2.000)	–
	2.500	100%	3.000	100%
Distriuição Valor Adicionado				
Salários				
Pessoal de fábrica	500	20%	510	17%
Pessoal administrativo	400	16%	480	16%
		36%		33%
Diretoria/acionistas				
Pró-labore (honorários dir.)	800	32%	1.050	35%
Dividendos	250	10%	360	12%
		42%		47%
Juros	150	6%	90	3%
Impostos				
Municipal	25	1%	30	1%
Estadual	50	2%	60	2%
Federal	75	3%	90	3%
		6%		6%
Reinvestimento	200	8%	270	9%
Outros	50	2%	60	2%

Na Demonstração do Valor Adicionado, observa-se que o item *Impostos* permanece inalterado, o que propicia melhor análise para a prefeitura. Todavia, o valor do imposto recolhido ao Município é muito baixo.

Admitindo-se que os diretores/acionistas não morarão na cidade, que os juros não se reverterão em favor do Município, o que se agregará ao fluxo de renda do Município será o item *Salário*.

Com esses dados, caberia analisar se o pequeno imposto para o Município e o acréscimo no fluxo de renda em salário de pessoas que residirão na região (gerando mais negócios e maior arrecadação) compensarão o acréscimo no orçamento e se a vinda da empresa será benéfica.

Imagine ainda o presidente do sindicato analisando a "distribuição do bolo" que aumentou em 20% do *ano 1* para o *ano 2*. Certamente, ele não ficaria calado

Cap. 10 • DEMONSTRAÇÃO DO VALOR ADICIONADO (DVA) 105

diante de uma redução da fatia do bolo para seus afiliados (o salário de fábrica caiu de 20% para 17%). Poderia ficar irritado ao ver que a fatia do bolo aumentou consideravelmente para os diretores/acionistas. Seria um bom motivo para uma greve.

10.2 Como elaborar a DVA?

Como vimos, a DVA mostra a riqueza criada pela empresa (o PIB da empresa) e como essa riqueza é distribuída ou transferida. Um dos modelos mais aceitos no mercado atualmente é:

Receitas		
– Vendas de bens e serviços	xxxx	
– Não operacional (outras receitas)	xxxx	
– (–) Provisão para devedores duvidosos	(xxxx)	xxxx
(–) Insumos		
– Matérias-primas consumidas	(xxxx)	
– Materiais, energia, serviços de terceiros...	(xxxx)	(xxxx)
Valor Adicionado bruto		xxxx
Retenções		
(–) Depreciação, amortização e exaustão		(xxxx)
Valor Adicionado líquido		xxxx
Transferências		
Receitas financeiras	xxxx	
Resultado da equivalência patrimonial	xxxx	xxxx
Valor Adicionado real		xxxx
Distribuição do Valor Adicionado*		
– Remuneração aos funcionários e encargos	xxxx	
– Dividendo e juros sobre capital	xxxx	
– Remuneração ao capital de terceiros (juros)	xxxx	
– Impostos, taxas e contribuições	xxxx	
– Lucro reaplicado (retido)	xxxx	xxxx

* O ideal seria detalhar o máximo possível na distribuição do Valor Adicional.

10.3 O Valor Adicionado e a carga tributária

A edição Melhores e Maiores da revista *Exame* calcula, anualmente, quanto do Valor Agregado ou Adicionado das empresas vai para o Governo em forma de tributo. Em outras palavras, qual é a "fatia do bolo" que vai para o Governo.

A Federação das Indústrias do Estado do Rio de Janeiro (FIRJAN) publicou, em janeiro de 2018, pesquisa e estudos socioeconômicos que evidenciam a alta carga tributária[1]. O peso da carga tributária sobre o Valor Adicionado apresenta-se desproporcional entre os setores: 44,8% na indústria de transformação, 36,4% no comércio, 23,1% em serviços, 13,9% na construção, 40,2% em serviços industriais de utilidade pública e 6,7% na agropecuária e extrativa.

No Brasil, o item mais relevante na distribuição do Valor Adicionado são os tributos. Já na Alemanha, há empresas em que o item salário representa 80%. Na França, um dos principais itens (depois de salários) é o reinvestimento na própria companhia. Nos Estados Unidos, por exemplo, uma das ênfases são os dividendos (remuneração aos acionistas). Assim, ao analisarmos a DVA em cada país, podemos perceber as tendências das empresas em relação à política, cultura e legislação do próprio país.

Alguns indicadores são relevantes ao utilizarmos a DVA. Por exemplo, a riqueza criada por empregado, obtida pelo Valor Adicionado dividido pelo número de empregados, representa a produtividade dos trabalhadores e mostra a contribuição de cada um na riqueza gerada. Outro exemplo é a divisão da riqueza criada pelo Ativo da empresa, identificando-se a capacidade ou "produtividade" de o Ativo gerar riqueza.

EXERCÍCIOS

1. O Balanço Social evidencia o perfil econômico das empresas e traz várias informações de caráter financeiro. Seu principal objetivo é ajudar os acionistas nas tomadas de decisões, no que tange à situação econômico-financeira, com o fim de alavancar seus rendimentos (rentabilidade). Essa afirmação é falsa ou verdadeira? Comente.

2. Dado o *Balanço Social ou Valor Adicionado* a seguir, analise-o e responda às questões.

    a) Quem está ganhando mais na distribuição do Valor Adicionado?

    b) A empresa valoriza seus recursos humanos?

    c) O governo, em uma eventual fiscalização, ficará satisfeito com a arrecadação da empresa?

    d) O sindicato está pensando em pleitear um aumento de 10% nos salários dos empregados. Você acha isso justo?

    e) Se você fosse o administrador, como justificaria os eventuais problemas na distribuição do Valor Adicionado?

---

[1] Disponível em: http://www.firjan.com.br/lumis/portal/file/fileDownload.jsp?fileId=2C908A8A6098BB8 B01610951EFB72EB3. Acesso em: 5 maio 2019.

Cap. 10 • DEMONSTRAÇÃO DO VALOR ADICIONADO (DVA)

	1997		1998		1999	
	R$ - mil	%	R$ - mil	%	R$ - mil	%
Vendas	300		400		500	
Compras	200		300		350	
Valor Adicionado	100	100	100	100	150	100
Composição do Vr						
Agregado						
Empregados	20	20	18	19	24	16
Proprietários	30	30	32	32	51	34
Juros	5	5	8	8	15	10
Impostos	30	30	28	28	39	26
Reinvestimentos	15	15	14	14	21	14

PARTE III

TIPOS DE DECISÕES

11 Decisões Referentes ao Endividamento

OBJETIVOS DO CAPÍTULO

- Estudar os indicadores de endividamento da empresa.
- Quantificar as participações do capital de terceiros sobre os recursos próprios.

11.1 Introdução

Sabemos que o Ativo (aplicação de recursos) é financiado por capitais de terceiros (Passivo Circulante + Passivo Não Circulante) e por capitais próprios (Patrimônio Líquido). Portanto, capitais de terceiros e capitais próprios são fontes (origens) de recursos. É por meio desses indicadores que apreciaremos o nível de endividamento da empresa.

Também são esses indicadores de endividamento que nos informam se a empresa utiliza mais recursos de terceiros ou recursos dos proprietários. Saberemos se os recursos de terceiros têm seu vencimento em maior parte a curto (Circulante) ou a longo prazo (Não Circulante).

É do conhecimento de todos que, nos últimos anos, tem sido crescente o endividamento das empresas. Esse fenômeno não é apenas brasileiro, mas mundial.

De acordo com a edição de "Melhores & Maiores", publicada pela revista *Exame*, o capital de terceiros utilizado para financiar o Ativo era de aproximadamente 55% (45% de capital próprio) em 1974. Em menos de dez anos, a situação mudou: a empresa brasileira passou a utilizar 40% do capital de terceiros para constituir o seu Ativo (60% de capital próprio). Na década de 1980, o endividamento manteve-se em 40%, e, no final da década de 1990, subiu para 50%. Em 2008, voltou a subir, chegando a 53,4%. Em 2017, chegou ao seu maior número, 61,5%.

Não há dúvida de que, sobretudo em época inflacionária, é mais "apetitoso" trabalhar com capital de terceiros do que com capital próprio. Essa tendência é acentuada quando a maior parte do capital de terceiros é composta de "exigíveis não onerosos", isto é, exigíveis que não geram encargos financeiros explicitamente para empresa (não há juros nem correção monetária: fornecedores, impostos, encargos sociais a pagar etc.).

Por outro lado, uma participação de capital de terceiros exagerada em relação ao capital próprio torna a empresa vulnerável a qualquer intempérie. Normalmente, as instituições financeiras não estarão dispostas a conceder financiamentos para as empresas que apresentam essa situação desfavorável. Em média, as empresas que vão à falência apresentam endividamento elevado em relação ao Patrimônio Líquido.

Na análise do endividamento, há necessidade de detectar as características dos seguintes indicadores:

a. Dívidas como um complemento dos capitais próprios para realizar aplicações produtivas no seu Ativo (ampliação, expansão, modernização etc.). Esse endividamento é sadio, mesmo sendo um tanto elevado, pois as aplicações produtivas deverão gerar recursos para saldar o compromisso assumido.
b. Dívidas para pagar outras dívidas que estão vencendo. Por não gerarem recursos para saldar os seus compromissos, as empresas recorrem a empréstimos sucessivos; permanecendo esse círculo vicioso, a empresa será forte candidata à insolvência e, consequentemente, à falência.

O endividamento pode ser medido pelo seu lado quantitativo (alto, baixo) e pelo seu lado qualitativo (bom ou ruim).

11.2 Participação de capitais de terceiros sobre recursos totais

Aspecto quantitativo do endividamento

$$\frac{\text{Capital de terceiros}}{\text{Capital de terceiros} + \text{Capital próprio}} = \frac{\text{Exigível total}}{\text{Exigível total} + \text{PL}} = \frac{\text{PC} + \text{ELP}}{\text{PC} + \text{ELP} + \text{PL}}$$

É comum o empresário se assustar com o seu índice de endividamento, por considerá-lo alto. Todavia, sem endividamento, ninguém cresce. Dívida significa origem de recursos. O ideal seria crescer com recursos dos proprietários. Sabemos que, no Brasil, não há uma vocação de injeção de recursos pelos proprietários e que o mercado de capitais (venda de ações das empresas na Bolsa de Valores) é incipiente. Daí as empresas precisarem recorrer a capitais de terceiros.

Por incrível que pareça, nos países desenvolvidos, onde são captados muitos recursos por meio dos investidores (Bolsa de Valores), o endividamento também é alto, atingindo quase 60%. A velocidade da tecnologia e da produtividade, fator essencial para a competitividade, requer muito financiamento para mudanças de Ativos.

Por outro lado, é importante ressaltar o risco de crescer com dívidas. As dívidas só compensam quando suas taxas são compatíveis, em termos reais, com o retorno apropriado pelo Ativo e quando os prazos de geração se coadunam com os de amortização de bens financiados. Há necessidade de administrar a dívida e, em alguns casos, até diminuir as vendas autofinanciadas para reduzir a necessidade de capital de giro ou alternativas.

A forma de reduzir o índice de endividamento é acrescer o capital próprio em proporção maior que o capital de terceiros.

Os acréscimos mais comuns no capital próprio (PL) são:

- Aumento de capital em dinheiro. Alternativa nem sempre bem recebida pelos empresários.
- Lucro, mas o "bom" lucro. A parte do lucro não distribuída aos proprietários, mas, sim, retida. Veja, no Capítulo 17 – Decisões sobre a rentabilidade, os meios de melhorar o lucro da empresa.
- Reservas de incentivos fiscais decorrentes de doações ou subvenções governamentais para investimentos.

11.3 Composição do endividamento (aspecto qualitativo da dívida)

Dívidas a curto ou a longo prazo?

A análise da composição do endividamento é bastante significativa:

a. Endividamento a curto prazo, normalmente é utilizado para financiar o Ativo Circulante.

b. Endividamento a longo prazo, normalmente é utilizado para financiar o Ativo Fixo.

A proporção favorável seria aquela com maior participação de dívidas a longo prazo, propiciando à empresa tempo maior para gerar recursos que saldarão os compromissos. Expansão e modernização devem ser financiadas com recursos a longo prazo, e não com o Passivo Circulante, pois os recursos a serem gerados pela expansão e modernização virão a longo prazo.

Se a composição do endividamento apresentar uma significativa concentração no Passivo Circulante (curto prazo), a empresa poderá ter reais dificuldades em um momento de reversão de mercado (o que não aconteceria se as dívidas estivessem concentradas no longo prazo). Na crise, ela terá poucas alternativas: vender seus estoques na base de uma "liquidação forçada" (a qualquer preço); assumir novas dívidas a curto prazo, que, certamente, terão juros altos, o que aumentará as despesas financeiras.

Se a concentração fosse a longo prazo, a empresa, em um momento de revés, teria mais tempo para replanejar a sua situação, sem necessidade de desfazer-se dos estoques a qualquer preço.

Observamos, na pequena (e, em alguns casos, na média também) empresa, uma excessiva concentração de endividamento a curto prazo, estando continuamente em um "sufoco" financeiro para pagar as suas dívidas, que estão vencendo a todo momento. "Não há tempo para gerar recursos, para planejar, para se tomar fôlego, mas há necessidade de uma constante corrida atrás de recursos para cobrir as dívidas que estão vencendo", diz sempre o diretor de pequena empresa com excesso de endividamento a curto prazo.

A situação agravava-se pelas taxas efetivas de juros tão altas. Quando a empresa desconta duplicatas, por exemplo, considerando o saldo médio exigido pela instituição financeira, e outros serviços e papéis de "aquisição obrigatória", a taxa de juros real poderá ser três vezes ou mais do que aquela anunciada pelo gerente (taxa nominal). E essas despesas financeiras reduzem sensivelmente a rentabilidade da empresa ou proporcionam prejuízo. Sem dúvida, a Contabilidade deverá alertar o empresário dessa situação.

A simples troca de parte dos empréstimos a curto prazo poderá inverter a situação financeira da empresa. Normalmente, o custo efetivo dos financiamentos a longo prazo não tem ultrapassado muito a inflação, não subindo a níveis tão exagerados como a maioria dos empréstimos a curto prazo. Além disso, a empresa tem um prazo maior para gerar lucro que amortize aquele financiamento. Ressalte-se que apenas o financiamento a longo prazo aumenta o capital de giro próprio da empresa.

A troca de dívidas a curto prazo por dívidas de longo prazo é sempre interessante, não obstante requeira da empresa um maior cuidado em contabilidade, orçamento, planejamento e viabilidade do projeto, como exigem os bancos de investimento.

O que jamais se pode admitir é a utilização de financiamentos a curto prazo para projeto a longo prazo (Ativo Fixo); isso é suicídio. Financiamentos para projetos não rentáveis, como construção de sede própria, também não são aconselháveis.

Para cálculo do endividamento a curto prazo, podemos utilizar a seguinte fórmula:

Endividamento a curto prazo

$$\frac{PC}{\text{Capital de terceiros}} = \frac{PC}{\text{Exigível total}} = \frac{PC}{PC + ELP}$$

11.4 Dívidas onerosas ou não onerosas?

Exigíveis onerosos são aqueles que estão custando à empresa, mensalmente, juros e outros custos: financiamentos, empréstimos bancários etc.

Obrigações com as quais a empresa não paga encargos financeiros são denominadas não onerosas: salários, fornecedores.

Evidentemente, os exigíveis onerosos que não ultrapassam os limites da inflação não representam custo financeiro efetivo para a empresa, portanto não são perigosos.

Aqueles financiamentos cujos ônus ultrapassa a inflação são dignos de um estudo mais detalhado:

- A sua participação está aumentando de ano para ano?
- A sua participação é elevada em relação aos concorrentes?
- O custo real (acima da inflação), em percentuais, é maior que a rentabilidade? Há alavancagem financeira?

11.5 Estrutura de capital da Cia. Jundiaí S.A.

Vamos, com base no exemplo da Cia. Jundiaí S.A., calcular a estrutura de capitais.

Balanço Patrimonial Companhia Jundiaí S.A. - CNPJ 43.771.517/0001-80					
Ativo			**Passivo**		
	20X2	20X1		20X2	20X1
Circulante	505.000	376.000	Circulante	437.000	245.000
Não Circulante			**Não Circulante**	915.000	500.000
Realizável a longo prazo	220.000	165.000			
Imobilizado	1.300.000	669.000	**Patrimônio Líquido**	673.000	465.000
Total Ativo	**2.025.000**	**1.210.000**	**Total Passivo+PL**	**2.025.000**	**1.210.000**

Participação de capitais de terceiros

$$\frac{PC + ELP}{PL} \times 100$$

20X1	20X2
$\dfrac{245.000 + 500.000}{465.000} \times 100 = 160\%$	$\dfrac{437.000 + 915.000}{673.000} \times 100 = 201\%$

Interpretação: quanto menor, melhor.

Nossa empresa Cia. Jundiaí S.A. apresentou acréscimo relevante: em 20X1, para cada R$ 100,00 de capital próprio, a empresa tinha R$ 160,00 de capital de terceiros, e essa situação se agravou em 20X2, passando a R$ 201,00 para cada R$ 100,00 de capital próprio.

Composição do Endividamento

$$\frac{PC}{PC + ELP} \times 100$$

20X1	20X2
$\dfrac{245.000}{500.000} \times 100 = 49\%$	$\dfrac{437.000}{915.000} \times 100 = 48\%$

Interpretação: quanto menor, melhor.

Nesse exemplo, a empresa apresentou pequeno decréscimo: em 20X1, para cada R$ 100,00 de obrigações totais, a empresa tem R$ 49,00 no curto prazo; em 20X2, apresentou R$ 48,00.

Imobilização do Patrimônio Líquido

$$\frac{\text{Ativo imobilizado}}{PL} \times 100$$

20X1	20X2
$\dfrac{669.000}{465.000} \times 100 = 144\%$	$\dfrac{1.300.000}{673.000} \times 100 = 193\%$

Interpretação: quanto menor, melhor.

Esse índice mostra que a Cia. Jundiaí S.A., em 20X1, investiu no Ativo Imobilizado 144% do seu Patrimônio Líquido, e esse percentual subiu para 193% em 20X2. Pode-se dizer que ela investiu todo o capital próprio e ainda parte de terceiros.

Imobilização dos recursos não correntes

$$\frac{\text{Ativo imobilizado}}{\text{PL} + \text{ELP}} \times 100$$

20X1	20X2
$\frac{669.000}{465.000 + 500.000} \times 100 = 69\%$	$\frac{1.300.000}{673.000 + 915.000} \times 100 = 82\%$

Interpretação: quanto menor, melhor.

Esse índice mostra que a Cia. Jundiaí S.A. destinou ao seu Ativo Imobilizado, respectivamente, em 20X1 e 20X2, 69% e 82% dos recursos não correntes que são a composição do Patrimônio Líquido e mais financiamentos do Passivo Não Circulante.

EXERCÍCIOS

1. De que forma é composto o endividamento das empresas?
2. Cite três exemplos de capital de terceiros não onerosos.
3. Quando um endividamento é sadio? Comente.
4. Se o capital de terceiros é de R$ 100,00 e o capital próprio também é de R$ 100,00, qual é o índice e qual o percentual de endividamento?
5. Por que as empresas precisam se endividar?
6. Cite algumas formas para reduzirmos o endividamento das empresas.
7. Como se compõe o endividamento (CT – capital de terceiros) das empresas?
8. Por que é melhor trabalhar com dívidas de longo prazo?
9. Comente sobre a qualidade do endividamento nas pequenas empresas.
10. Se o capital de terceiros for de R$ 1.000,00, sendo R$ 800,00 de PC (Passivo Circulante) e R$ 200,00 de ELP (exigível a longo prazo), quais seriam o índice e o percentual da qualidade do endividamento?

12 Decisões Referentes ao Capital de Giro

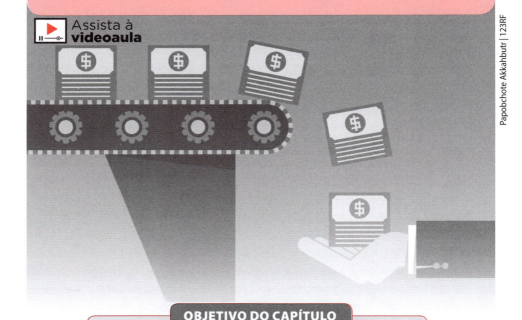

OBJETIVO DO CAPÍTULO

- Oferecer aos leitores o entendimento quantitativo das participações do capital de terceiros sobre os recursos próprios.

12.1 Introdução

Para fins didáticos, trataremos o capital de giro como o Ativo Circulante. Ainda que não seja tecnicamente perfeito, consideraremos o capital de giro próprio (CGP) como a diferença entre o Ativo Circulante e o Passivo Circulante. Na verdade, capital de giro próprio é a diferença entre Patrimônio Líquido e o Ativo Não Circulante (investimentos, imobilizado e intangível). Neste caso, envolvemos recursos de curto e longo prazos. Porém, na diferença entre os Ativos e Passivos Circulantes, trataremos de recursos apenas de curto prazo. Daí nossa opção.

Quanto maior o capital de giro próprio, maior será a liquidez corrente da empresa e, evidentemente, menor o risco de insolvência. Assim, normalmente, o efeito no lucro é positivo, pois evitam-se fontes de financiamento sensivelmente onerosas para suprir a falta do capital de giro próprio, como é o caso de desconto de duplicatas.

Sem o sacrifício do lucro por insuficiência do capital de giro próprio, e com liquidez favorável, a empresa tem maior flexibilidade e não precisa "empurrar" vendas, desovar estoque, afrouxar critérios de análise para concessão de crédito etc.

Nas reversões de mercado, a empresa está mais resistente às intempéries. Em um período de expansão de vendas, a empresa estará mais bem estruturada para suportar aumentos nos estoques, no volume de duplicatas a receber.

Sem dúvida, a dificuldade reside nas empresas cujo capital de giro próprio é apertado (ou nem há). Essa situação é de difícil reversão, pois as constantes tomadas de financiamentos a curto prazo enfraquecem a empresa, sem melhorar o capital de giro próprio, mas, muito pelo contrário, normalmente o enfraquecem.

Basicamente, as fórmulas recomendáveis para melhorar o capital de giro próprio são os financiamentos a longo prazo (nem sempre possíveis) e os acréscimos no Patrimônio Líquido (capital próprio).

Os acréscimos no Patrimônio Líquido (PL) são obtidos por aumento de capital em dinheiro (alternativa pouco atrativa) e por lucro não distribuído (via normal). Todavia, observa-se que os lucros dessas empresas, geralmente, são comprometidos pelas despesas financeiras, quando não são aplicados no Ativo Imobilizado.

A seguir, apresentaremos algumas sugestões para a análise do capital de giro próprio.

12.2 Sob o ângulo da análise horizontal e vertical

A Cia. Jundiaí S.A. apresenta os seguintes dados em seu balanço patrimonial, nos últimos três anos, no que tange ao Circulante.

Em R$ 1 mil

Contas	X1	AH	X2	AH	X3	AH
Ativo Circulante						
Disponível	150.000	100	131.000	131	172.000	172
Contas a receber	80.000	100	100.000	125	120.000	150
(–) Descontos de duplicatas	(10.000)	100	(20.000)	200	(40.000)	400
(–) Baixa de créditos	(2.000)	100	(5.000)	250	(7.000)	350
Impostos a compensar	10.000	100	20.000	200	25.000	250
Estoques	117.000	100	150.000	128	235.000	201
I – Total Ativo Circulante	*345.000*	*100*	*376.000*	*112*	*505.000*	*151*

(continua)

Continuação

Contas	X1	AH	X2	AH	X3	AH
Passivo Circulante						
Fornecedores	60.000	100	75.000	125	150.000	250
Empréstimos bancários	80.000	100	100.000	125	200.000	250
Salários e encargos sociais	10.000	100	17.000	170	34.000	340
Provisões	5.000	100	23.000	460	48.000	960
Demais contas a pagar	20.000	100	30.000	150	5.000	25
II – Total Passivo Circulante	*175.000*	*100*	*245.000*	*141*	*437.000*	*250*
Capital de giro próprio (I – II)	170.000		131.000		68.000	
Vendas	180.000		200.000		250.000	

AH = Análise Horizontal

Em valores nominais, o capital de giro próprio apresentou um decréscimo relevante. Todavia, em valores reais, ou em uma análise percentual, a empresa está perdendo sensivelmente a sua potencialidade financeira.

Vamos comparar o capital de giro próprio com o Ativo Circulante:

CGP × Ativo Circulante			
	X1	X2	X3
$\dfrac{CGP}{AC} \times 100$	$\dfrac{170.000}{345.000} \times 100 = 49\%$	$\dfrac{131.000}{376.000} \times 100 = 35\%$	$\dfrac{68.000}{505.000} \times 100 = 13\%$

CGP = capital de giro próprio
AC = Ativo Circulante

O capital de giro próprio, que representava 49% no ano X1 do Ativo Circulante, no ano X3, decresceu para um percentual de apenas 13%.

Por uma análise vertical, vamos observar o que levou a essa situação precária.

Em percentuais: Em R$ 1 mil

Contas	X1	AV	X2	AV	X3	AV
Ativo Circulante						
Disponível	150.000	43%	131.000	35%	172.000	34%
Contas a receber	80.000	23%	100.000	27%	120.000	24%
(–) Duplicatas descontadas	(10.000)	(3%)	(20.000)	(5%)	(40.000)	(8%)
(–) Baixa de créditos	(2.000)	(1%)	(5.000)	(1%)	(7.000)	(1%)
Impostos a compensar	10.000	3%	20.000	5%	25.000	5%
Estoques	117.000	34%	150.000	40%	235.000	47%
Total	345.000	100%	376.000	100%	505.000	100%

(continua)

Sugestões:

Cálculos dos índices:

- Prazo Médio de Recebimento de Vendas

$$PMRV = \frac{360 \text{ dias} \times \text{Duplicatas a receber}}{\text{Vendas}}$$

(Indica, em média, quantos dias a empresa espera para receber suas vendas.)

- Prazo Médio de Renovação de Estoques

$$PMRE = \frac{360 \text{ dias} \times \text{Estoque}}{\text{Custo das vendas}}$$

(Indica, em média, quantos dias a empresa leva para vender seu estoque.)

- Prazo Médio de Pagamento de Compras

$$PMPC = \frac{360 \text{ dias} \times \text{Fornecedores}}{\text{Compras}}$$

(Indica, em média, quantos dias a empresa demora para pagar suas compras.)

12.4 Nível de desconto de duplicatas em relação ao total de duplicatas

$$\frac{\text{Duplicatas descontadas}}{\text{Duplicatas a receber}}$$

Em uma série de vários anos (períodos), evidencia-se o nível de desconto de duplicatas. Evidentemente, o acréscimo nesse percentual revela enfraquecimento na potencialidade financeira da empresa. Outras formas de reforço de capital de giro (menos onerosas) deverão ser procuradas.

O acréscimo da participação percentual de duplicatas descontadas indica crises de liquidez e, normalmente, implicações no lucro, em virtude das despesas financeiras.

12.5 Nível de atrasos de duplicatas

$$\frac{\text{Duplicatas atrasadas}}{\text{Duplicatas a receber}}$$

Selecionar melhor os clientes, procurando evitar atrasos e inadimplências, é uma meta relevante no que tange à administração do capital de giro próprio. Esse percentual deveria ser eliminado em uma série de períodos e jamais aumentado. No caso de detectar que esse índice é crescente, medidas drásticas deverão ser tomadas.

EXERCÍCIOS

1. Qual a composição do capital de giro?
2. Explique o capital de giro próprio (CGP).
3. Quais as recomendações para melhorar o CGP?
4. Se a empresa JB Ltda. possui o PMPC em 60 dias, o PMRE em 30 dias e o PMRV em 20 dias, presume-se que a empresa terá ou não dificuldades financeiras?
5. Na DRE, consta o total de vendas de $ 1.000 em X1. No BP, constam os seguintes saldos de duplicatas a receber:

   X0 = $ 100

   X1 = $ 120

   Calcule o PMRV em X1.
6. Quais são os cuidados que as empresas precisam ter com relação ao nível de estoques?

13 Decisões Referentes à Liquidez

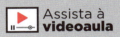

Assista à **videoaula**

OBJETIVOS DO CAPÍTULO

- Discorrer sobre a capacidade da empresa de saldar os seus compromissos.
- Indicar que esse pagamento pode ser avaliado a longo, a curto, ou ainda, a prazo imediato.

13.1 Índices de liquidez

São utilizados para avaliar a capacidade de pagamento da empresa, isto é, constituem uma apreciação sobre se a empresa tem capacidade para saldar seus compromissos. Essa capacidade de pagamento pode ser avaliada a longo, curto prazo ou ainda a um prazo imediato.

13.1.1 Capacidade de pagamento a curto prazo

Índice de Liquidez Corrente (LC)

Mostra a capacidade de pagamento da empresa a curto prazo, por meio da fórmula:

$$LC = \frac{\text{Ativo Circulante}}{\text{Passivo Circulante}}$$

Vamos partir de uma Demonstração Financeira já reclassificada para o cálculo dos nossos índices. Neste exemplo, analisaremos apenas dois períodos: 20X5 e 20X6.

Balanço patrimonial Cia. Jundiaí S.A.					
Ativo			**Passivo**		
Circulante	**31.12.X3**	**31.12.X2**	Circulante	**31.12.X3**	**31.12.X2**
Disponível	172.000	131.000	Fornecedores	150.000	75.000
Duplicatas a receber	73.000	75.000	Empréstimos bancários	200.000	100.000
Impostos a compensar	25.000	20.000	Salários e encargos sociais	34.000	17.000
Estoques	235.000	150.000	Provisões	48.000	23.000
Total Circulante	505.000	376.000	Demais contas a pagar	5.000	30.000
			Total do Circulante	437.000	245.000
Não Circulante			**Não Circulante**		
Realizável a longo prazo					
Contas a receber	26.271	25.005	Financiamentos	700.000	350.000
Investimentos	385.000	220.000	Demais contas a pagar	215.000	150.000
Imobilizado	885.000	425.000	Total do Não Circulante	915.000	500.000
Intangível	30.000	24.000	Patrimônio Líquido		
Total do Não Circulante	1.326.271	694.005	Capital social	400.000	300.000
			Reservas de lucros	79.271	25.005
			Total do PL	479.271	325.005
Total do Ativo	**1.831.271**	**1.070.005**	**Total do Passivo + PL**	**1.831.271**	**1.070.005**

É importante realçar, neste momento, dois aspectos limitativos, relativos à liquidez corrente (LC):

- O primeiro é que o índice não revela a qualidade dos itens no Ativo Circulante (AC) (Os estoques estão superavaliados? São obsoletos? Os títulos a receber são totalmente recebíveis?).

- O segundo é que o índice não revela a sincronização entre recebimentos e pagamentos, ou seja, por meio dele não identificamos se os recebimentos ocorrerão a tempo para pagar as dívidas vincendas. Assim, em uma liquidez corrente igual a 2,5 (aparentemente muito boa), pode a empresa, ainda assim, estar em crise de liquidez, pois grande parte dos vencimentos das obrigações a curto prazo concentram-se no próximo mês, enquanto a concentração dos recebimentos ocorrerá dentro de 90 dias.

Por outro lado, um aspecto que contribui para o redimensionamento da liquidez corrente, elevando-a, é o estoque estar avaliado a custos históricos, sendo que o seu valor de mercado está (valor de realização – de venda), normalmente, acima daquele evidenciado no Ativo Circulante. Portanto, a liquidez corrente, sob esse enfoque, será sempre mais pessimista do que a realidade, já que os estoques serão realizados a valores de mercado, e não de custo.

O Índice de Liquidez Corrente da Cia. Jundiaí é:

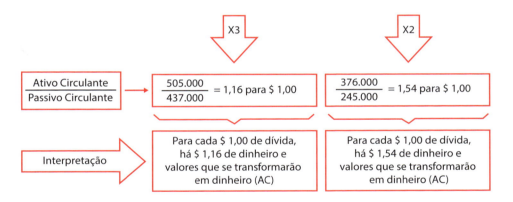

Embora o índice de liquidez corrente tenha evidenciado uma considerável queda na capacidade de pagamento da empresa, é bem verdade que a empresa ainda tem condições de saldar seus compromissos a curto prazo.

Observe, no Ativo Circulante, que os itens que praticamente não cresceram de X2 para X3 são o disponível e as duplicatas a receber, ao passo que o estoque aumentou consideravelmente. É possível que, por se tratar de uma época inflacionária, no que diz respeito à Administração Financeira, a empresa tenha optado por reduzir itens que estão expostos à corrosão pela inflação (como é o caso de dinheiro em caixa e títulos a receber, que permanecem com valores fixos, não são corrigíveis, atualizáveis), enquanto o estoque pode ser majorado (valores correntes de reposição) à medida que os preços aumentam.

Não obstante, outras variáveis serão consideradas no decorrer deste tópico. Uma premissa relevante deve ficar bem clara: a queda do índice de liquidez corrente nem sempre significa perda da capacidade de pagamento (o que é depreciativo); pode significar uma Administração Financeira mais rigorosa (o que é louvável) diante desse "monstro" chamado inflação.

Uma pergunta agora se faz necessária: "O índice de LC de 1,16 é bom?".

Isoladamente, os índices de LC superiores a 1,00, de maneira geral, são positivos. Conceituar o índice, todavia, sem outros parâmetros, é uma atitude bastante arriscada, por isso desaconselhável.

Em primeiro lugar, devemos considerar outros aspectos implícitos no índice calculado. Nesse nosso exemplo, embora 1,16 não seja um índice deficiente, repare que o AC é constituído basicamente de estoque, tornando mais lenta a sua conversão em dinheiro, o que poderá trazer problemas de ordem financeira para a empresa a curto prazo. Essa situação, todavia, será levada em conta no próximo índice a ser calculado (liquidez seca – LS), o que vem mostrar-nos que a análise isolada é inadequada.

Em segundo lugar, devemos ponderar sobre o ramo de atividade e as peculiaridades do negócio da empresa. Um índice de LC de 0,86 é deficiente para uma indústria, mas não o será para uma empresa de transporte coletivo. Veja que uma empresa de ônibus (transportes) não apresenta itens como duplicatas a receber (pois não vende a prazo) e estoques (pois não opera com mercadorias). Assim, está o Ativo Circulante "enxuto" de dois itens que normalmente engordam esse grupo na indústria e no comércio. Por outro lado, a composição do Passivo Circulante (PC) de uma empresa de transporte coletivo é, praticamente, a mesma de outras empresas (as obrigações são comuns).

Se o índice de uma empresa de transporte coletivo é de 0,86, isso não significa que ela não conseguirá saldar seus compromissos, pois esse tipo de negócio tem receita à vista diária, não possuindo valores a receber nos dias seguintes, mas tendo entrada constante de dinheiro no caixa. Dessa forma, serão cobertos os compromissos já contabilizados no seu PC.

Nesse estágio da exposição, podemos concluir que um índice de LC de uma empresa de transporte deverá ser comparado ao de outras empresas concorrentes, para efeito de conceituação; jamais deverá ser comparado com um índice universal (considerado bom), ou ainda com outros que pertençam a ramos diversos de atividade (industrial, comercial, bancária, financeira etc.).

Com isso, introduzimos o conceito de índices-padrão, que representam índices médios de diversas empresas do mesmo ramo de atividade e que servirão de parâmetro para comparação do índice que iremos calcular (cuja empresa pertença ao mesmo ramo de atividade). Assim, se a empresa cujo índice de LC está sendo calculado é uma papelaria, devemos comparar o índice obtido com os índices de liquidez corrente de outras papelarias; jamais com outro setor ou outros ramos de atividade. Índices-padrão serão desenvolvidos neste capítulo.[1]

---

[1] Veja índice-padrão no Capítulo 21.

Índice de liquidez seca

Se a empresa sofresse uma total paralisação das suas vendas, ou se o seu estoque fosse obsoleto, quais seriam as chances de pagar as suas dívidas com disponível e duplicatas a receber?

$$LS = \frac{\text{Ativo Circulante } (-) \text{ Estoques}}{\text{Passivo Circulante}}$$

O índice de liquidez seca da Cia. Jundiaí S.A. é:

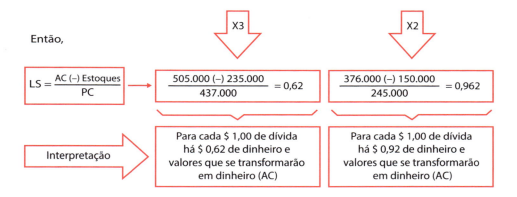

Com esse índice, observamos que, se a empresa parasse de vender, conseguiria pagar apenas a metade de suas dívidas. Na verdade, houve uma queda significativa do ano X2 (0,92) para o ano X3 (0,62).

Nem sempre um índice de liquidez seca baixo é sintoma de situação financeira apertada. Veja, por exemplo, um supermercado, cujo investimento em estoques é elevadíssimo, em que não há duplicatas a receber (pois só se vende à vista). Nesse caso, esse índice só pode ser baixo. Voltamos a insistir na comparação com índices do mesmo ramo de atividade (índice-padrão) para conceituar qualquer índice. Para determinarmos se um índice de LS de um supermercado é bom, precisamos comparar o seu índice com o dos demais supermercados.

Além disso, esse índice e os demais devem ser analisados em conjunto. Vamos estudar um indicador que nos dirá quantas vezes a empresa vende seu estoque no ano (Prazo Médio de Rotação de Estoque). Esse indicador é importante para que possamos relacioná-lo com a liquidez seca.

O índice de liquidez seca, por fim, é bastante conservador para que se possa apreciar a situação financeira da empresa.

O banqueiro gosta muito desse índice porque eliminam-se os estoques. O estoque é o item mais manipulável no balanço, podendo tornar-se obsoleto (antiquado) a qualquer momento. Ele ainda é, às vezes, um item perecível.

Até o momento, avaliamos a situação financeira a curto prazo, que envolve um índice global de situação (LC) e um índice conservador, que elimina uma fonte de incerteza (LS). Agora, passaremos a avaliar a situação financeira a longo prazo.

13.1.2 Capacidade de pagamento a longo prazo

Índice de liquidez geral (LG)

Mostra a capacidade de pagamento da empresa a longo prazo, considerando tudo o que a empresa converterá em dinheiro (a curto e longo prazos) e relacionando tudo o que a empresa já assumiu como dívida (a curto e longo prazos), ou seja:

$$LG = \frac{\text{Ativo Circulante + Realizável a longo prazo}}{\text{Passivo Circulante + Passivo Não Circulante}}$$

A situação da Cia. Jundiaí S.A., a longo prazo, é:

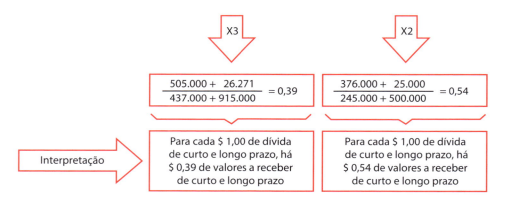

Como os demais índices já calculados, a liquidez geral apresenta decréscimo de um ano para o outro. Para cada $ 1,00 de dívida a curto e a longo prazos, a empresa dispõe apenas de $ 0,39 de dinheiro e de valores que se converterão em dinheiro a curto e a longo prazos.

As divergências em datas de recebimento e de pagamento tendem a acentuar-se quando analisamos períodos longos, ou seja, o recebimento do Ativo pode divergir consideravelmente do pagamento do Passivo; isso, sem dúvida, empobrece o indicador.

Todavia, se apreciarmos uma série de vários anos, a análise será enriquecida. Se uma empresa apresentar, em uma série de anos, o índice de liquidez geral decrescente, mesmo considerando aquelas divergências, o indicador tornar-se-á útil, pois nos permitirá depreender a perda paulatina do poder de pagamento geral da empresa.

Como os demais índices, a liquidez geral não deve ser vista isoladamente. Pode ser que, em um ano em que a empresa adquirir um vultoso financiamento, investindo-o totalmente em seu Ativo Imobilizado, reduza sensivelmente sua liquidez geral, o que aumentará consideravelmente o exigível a longo prazo, mas não aumentará o Ativo Circulante e o realizável a longo prazo. Porém, com o tempo, o seu imobilizado deverá gerar receita (e, consequentemente, lucro), aumentando o Ativo Circulante e melhorando a capacidade de pagamento a curto e a longo prazos.

Aliás, alguns conceitos devem ser aqui revividos e conservados. São eles:

- Não considerar qualquer indicador isoladamente (associar os índices entre si).
- Apreciar o indicador em uma série de anos, pelo menos três.
- Comparar os índices encontrados com índices-padrão, ou seja, índices das empresas concorrentes (mesmo ramo de atividade).

13.1.3 Capacidade de pagamento em prazo imediato

Liquidez imediata (LI)

Mostra de quanto dispomos imediatamente para saldar nossas dívidas de curto prazo, ou seja:

$$LI = \frac{\text{Disponibilidade (Caixa + Bancos e aplicações financeiras)}}{\text{Passivo Circulante}}$$

Utilizando nossa empresa Cia. Jundiaí S.A., temos:

Para efeito de análise, é um índice sem muito realce, pois relaciona o dinheiro com valores que vencerão em datas mais variadas possíveis, embora a curto prazo. Assim, temos contas que vencerão daqui a 5 ou 10 dias, como também aquelas que vencerão daqui a 360 dias, e que nada têm a ver com a disponibilidade imediata.

Sem dúvida, a empresa deverá manter certos limites de segurança, não desejando o analista obter índices altos, pois o item caixa e bancos, em épocas inflacionárias, faz perder o poder aquisitivo. Nem sempre reduções sucessivas, nesse índice, significam situações constrangedoras; podem significar uma política mais rígida de disponível e até mesmo uma redução do limite de segurança. Sucessivas reduções na liquidez imediata, com constantes e crescentes atrasos no pagamento a fornecedores (detectados por informações comerciais obtidas na praça), já são um indicador relevante de dificuldades financeiras.[2]

EXERCÍCIOS

1. Quais são os principais índices de liquidez?
2. Para que são utilizados os índices de liquidez?
3. Quais são os aspectos limitativos dos índices de liquidez corrente?
4. Comente sobre o índice de liquidez imediata.
5. Qual o significado do termo liquidez?
6. A Cia. Exemplo S.A., não muito satisfeita com o desempenho financeiro no último período, solicita o apoio do seu consultor para esclarecer a situação. A liquidez corrente de 20X0 foi de 2,8 e de 20X1 foi de 1,8. A média do setor (segmento) da Cia Exemplo é de 1,5. Compare com a média do setor e tente explicar o que provavelmente pode ter acontecido.
7. Por que é importante uma boa política de estoques? Faça uma analogia com a liquidez seca.
8. Algumas empresas têm dificuldades de liquidez imediata para fazer frente aos seus compromissos de curtíssimo prazo. Comente.

---

[2] A liquidez imediata é um índice que não se enquadra na regra "quanto maior, melhor".

14 Decisões Referentes às Imobilizações

▶ Assista à **videoaula**

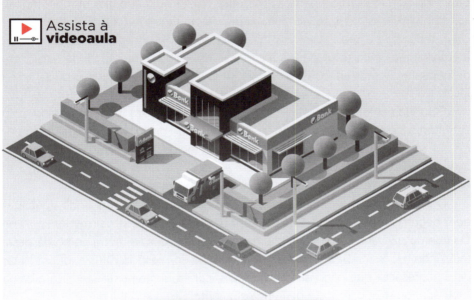

OBJETIVOS DO CAPÍTULO

- Oferecer aos leitores o entendimento das decisões referentes ao Ativo Imobilizado, movimentação de bens patrimoniais, sua composição.
- Apresentar alguns indicadores para controle e informações sobre como avaliar a idade do imobilizado.

14.1 Considerações iniciais

O Ativo Não Circulante é composto de realizável a longo prazo, investimentos, imobilizado e intangível. Antes da MP de nº 449/08, convertida na Lei nº 11.941/09, tínhamos o Ativo Permanente que era dividido em quatro grupos: investimentos, imobilizado, intangível e diferido. Assim, após a referida MP, desaparecem o termo permanente e o subgrupo diferido.

O Ativo Fixo diz respeito aos itens que "permanecem" por vários anos na empresa (vida útil longa) e não se destinam à venda, mas, sim, ao uso ou à renda.

É comum o excesso de imobilização por parte de algumas empresas. Muitas vezes, é questão de honra, sobretudo para o pequeno empresário, ter prédio próprio, máquinas e equipamentos de sua propriedade. Observamos três problemas relevantes em tais decisões.

O primeiro é que, não raro, sobretudo o pequeno empresário, sem uma noção básica de Administração Financeira, sacrifica o seu capital de giro próprio imobilizando-o. Assim, ele enfraquece (em alguns casos, deteriora) a sua situação financeira, reduzindo a sua capacidade de pagamento. Daí a necessidade de recorrer a empréstimos a curto prazo (para cobrir a insuficiência do capital de giro), com despesas financeiras elevadas, enfraquecendo a situação econômica, ou seja, seu lucro.

É fundamental que o Ativo Imobilizado (Ativo Fixo) seja financiado pelo Patrimônio Líquido (capital próprio) e exigível a longo prazo – ELP (capital de terceiros que será devolvido a longo prazo), pois esse tipo de Ativo é lento para a geração de lucro. Por isso, é relevante atentar para a relação Ativo Fixo (PL + ELP (AÑC)), isto é, se o Ativo Fixo está sendo adequadamente financiado.

O segundo é um problema fiscal. Com exceção de terrenos, todo imobilizado é depreciado, pois, em função do uso (e outras variáveis), vai perdendo valor. Essa perda parcial de valor, que chamamos de depreciação, entra como despesa, reduzindo o lucro na Demonstração do Resultado do Exercício (DRE) e, por se tratar de uma despesa que não visa desembolsos, consequentemente ameniza a carga tributária, ou seja, o Imposto de Renda e a contribuição social a pagar.

Normalmente, essa depreciação é feita com taxas determinadas pelo próprio Imposto de Renda. Por exemplo, máquinas e equipamentos têm uma taxa de 10% de depreciação ao ano.

Se a empresa optasse por *leasing* (arrendamento mercantil), que até 2007 era tratado no Brasil como despesa, passa a ser contabilizado como Ativo para fins contábeis (para fins fiscais continua sendo despesa). A despesa mensal é totalmente dedutível pelo Imposto de Renda, podendo trazer economia, no início, para a empresa. Todavia, o *leasing* tem um custo financeiro alto, provocando um desembolso em juros superior à economia fiscal.

Na verdade, no sentido econômico, o *leasing* financeiro é um financiamento disfarçado de aluguel. A empresa quer adquirir um equipamento de produção e poderá adquiri-lo à vista, a prazo (financiado ou via *leasing*). Em qualquer modelo de aquisição esse bem trará benefícios para a empresa, acarretará riscos para o seu negócio e dará à empresa controle sobre ele. Desse modo, contabilmente falando, esse bem será um Ativo.

Já em relação ao prédio próprio (imóvel), a depreciação é de 4% ao ano (taxa do Imposto de Renda), podendo o aluguel ser uma alternativa mais interessante. Além de evitar grandes investimentos para um item que não tem liquidez, o aluguel poderá trazer montantes menores de pagamentos de Imposto de Renda e contribuição social.

O terceiro aspecto é a melhor alternativa operacional:

a) Adquirir imobilizado com pagamento à vista;
b) Adquirir bens com financiamento a longo prazo;
c) Alugar imobilizado à base de *leasing*;
d) Terceirizar os produtos ou serviços que o imobilizado produziria.

A melhor alternativa deveria ser calculada com a ajuda dos conceitos de Matemática Financeira e orçamento de capital. A informação contábil deverá ser tratada principalmente dentro dos princípios da Administração Financeira em conjunto com a Contabilidade de Custos, para melhor decisão.

14.2 Conceitos de movimentações de Ativos Imobilizados

E, para classificar os bens patrimoniais no Ativo Imobilizado, vamos conhecer alguns conceitos de movimentações de bens patrimoniais nas empresas. Para isso, relacionamos as seguintes movimentações possíveis:

- *Alienação de bem patrimonial:* É a transferência definitiva de bem patrimonial móvel, de propriedade da companhia para terceiros.
- *Alienação de direito de propriedade:* É a operação imobiliária por meio da qual se transmite a terceiros o pleno domínio sobre imóveis de sua propriedade, mediante venda, doação, permuta ou desapropriação.
- *Aquisição de bem patrimonial:* É a transferência definitiva de bem patrimonial de propriedade de terceiros para a empresa.
- *Aquisição de direito de propriedade:* É a operação imobiliária por meio da qual se adquire o pleno domínio sobre imóveis de terceiros, mediante compra, incorporação, permuta, desapropriação, doação ou usucapião.
- *Aquisição do direito de uso:* É a operação imobiliária por meio da qual se adquire apenas a faculdade de usar imóveis de terceiros, por tempo certo ou indeterminado, mediante instituição de servidão, permissão, concessão de direito real de uso, concessão de uso, autorização, comodato ou locação.
- *Autorização de uso:* É o ato administrativo unilateral, precário, pelo qual o poder público faculta ao particular a utilização individual de um bem público, em atividade de interesse estritamente privado, nas condições por ele fixadas.

- **Baixa contábil:** É a retirada de bem patrimonial do Ativo Imobilizado.
- **Bem patrimonial imóvel:** É todo bem em que coexistem as seguintes características:
  - natureza duradoura;
  - não passível de sofrer deslocamento;
  - não destinado à venda, mas visando atender às atividades da empresa.
- **Bem patrimonial móvel:** É todo bem em que coexistem as seguintes características:
  - natureza duradoura, sofrendo desgaste com o uso;
  - corpo físico passível de sofrer deslocamento;
  - não destinado à venda, mas visando atender às atividades da empresa.
- **Bens intangíveis (incorpóreos):** São os bens que não têm substância física (imateriais) e que podem ser comprovados, tais como:
  - marcas e patentes, direitos autorais etc.
- **Bens tangíveis (corpóreos):** São os bens materiais, ou seja, com substância física, tais como:
  - terrenos;
  - edificações;
  - instalações em geral etc.
- **Cessão de bem patrimonial móvel:** É a transferência provisória de bem patrimonial móvel da empresa, para utilização por terceiros, ou de bem patrimonial móvel de terceiros, para utilização pela empresa.
- **Cessão de direito de uso:** É a operação imobiliária por meio da qual cede-se a terceiros apenas a faculdade de usar imóveis de sua propriedade, por tempo certo ou indeterminado.
- **Comodato:** É o contrato, a título gratuito, em virtude do qual uma das partes cede, por empréstimo, à outra determinada coisa não fungível, para que a use pelo tempo e nas condições estabelecidos.
- **Compra:** É a operação realizada por meio de um contrato consensual, bilateral e oneroso, que consiste na transferência ou tradição que se faz de uma coisa qualquer, com compensação em dinheiro ou em qualquer outro valor equivalente, e que se fixa em três elementos: coisa, preço e consentimento.
- **Concessão de direito real de uso:** É o contrato pelo qual o poder público transfere ao particular a utilização remunerada ou gratuita de um bem público, com direito real resolúvel, para utilização em fim específico.
- **Concessão de uso:** É o contrato pelo qual o poder público transfere ao particular a utilização remunerada ou gratuita de um bem público, sem direito real resolúvel para que o explore segundo sua destinação específica.

- **Depreciação:** É a importância (valor) correspondente à diminuição do custo dos bens e instalações do imobilizado operacional, resultante do desgaste pelo uso, ação da natureza e obsolescência, que tem por finalidade gerar valores de reposição quando esgotadas as condições de utilização.
- **Desapropriação:** Transferência compulsória da propriedade particular (ou pública, de entidade de grau inferior para o superior) para o poder público ou seus delegados, por utilidade ou necessidade pública, ou ainda por interesse social, mediante prévia e justa indenização em dinheiro, salvo casos excepcionais, que admitem títulos especiais da dívida pública.
- **Direitos, marcas e patentes:** É o conjunto de títulos oficiais de uma concessão.
- **Doação:** Tipo de contrato pelo qual uma pessoa, por liberalidade, transfere do seu patrimônio bens ou vantagens para o de outra, que os aceita.
- **Locação:** É o contrato por meio do qual uma pessoa se compromete a entregar a coisa para uso de outrem, mediante certo pagamento ou certa remuneração. Não se transmite, por ele, o domínio da coisa, mas é transferida a sua posse.
- **Movimentação de bem patrimonial móvel:** É todo deslocamento interno ou externo de bem patrimonial móvel, com transferência de responsabilidade pela administração.

14.3 Itens que compõem o Ativo Não Circulante Imobilizado

Os Ativos Imobilizados são classificados por grupos de contas; para isso relacionamos os principais grupos:

- **Terrenos:** Registra os terrenos de propriedade da empresa utilizados nas operações.
- **Instalações:** Abrange os equipamentos, materiais e custos de implantação de instalações que, apesar de integrados aos edifícios, devem ser segregados das obras civis, por exemplo: instalações elétricas e hidráulicas das obras civis, de vapor, de ar comprimido etc.
- **Máquinas, aparelhos e equipamentos:** Envolve todo o conjunto dessa natureza, utilizado no processo de produção ou operação da empresa.
- **Móveis e utensílios:** É o conjunto formado por mesas, cadeiras, arquivos, máquinas de calcular, armários, arquivos e outros itens dessa natureza, que tenham vida útil superior a um ano.
- **Computadores e periféricos:** São os computadores, microcomputadores e periféricos de propriedade da empresa.

- **Veículos:** São os veículos de propriedade da empresa, sejam os de uso da administração, como os do pessoal de vendas, sejam os de transporte de carga geral.
- **Ferramentas:** São as ferramentas utilizadas nas oficinas de manutenção e que têm vida útil superior a um ano.
- **Florestamento e reflorestamento:** São os custos acumulados relativos a projetos de florestamento e reflorestamento de propriedade da empresa.
- **Depreciação acumulada:** Corresponde à perda do valor dos direitos que têm por objeto bens físicos sujeitos a desgastes ou perda de utilidade por uso, ação da natureza ou obsolescência.
- **Exaustão acumulada:** Representa a perda do valor decorrente da sua exploração, de direitos cujo objeto sejam os recursos minerais, florestais, ou bens aplicados nessa exploração.

14.4 Principais taxas de depreciação

A seguir, apresentam-se as principais taxas fiscais de depreciação, lembrando que a Contabilidade deverá reconhecer a depreciação pelo real desgaste ou desvalorização do bem, em alinhamento com a direção da empresa.

Principais taxas de depreciação estabelecida pela legislação fiscal		
Grupo de bens patrimoniais	Vida útil ano	% ao ano
Computadores e periféricos (Instrução Normativa nº 04/85)	5	20
Imóveis e benfeitorias (Portaria do Ministério da Fazenda)	25	4
Instalações	10	10
Maquinários	10	10
Móveis e utensílios (PN CST nº 380/71)	10	10
Semoventes (animais de tração)	10	10
Veículos de passageiros	5	20
Veículos de cargas	5	20
Caminhões fora de estrada	4	25
Motocicletas	4	25
Tratores ou similares	4	25

Fonte: Instrução Normativa RFB 1.700/2017.

Método de depreciação

O método de depreciação, para os Ativos Imobilizados, mais utilizado no Brasil é o método das quotas constantes, mais conhecido como alocação em linha reta. Sua simplicidade é o motivo principal de sua adoção.

Cap. 14 • DECISÕES REFERENTES ÀS IMOBILIZAÇÕES — 139

Sua determinação é bastante simples: divide-se o valor a ser depreciado pelo tempo de vida útil do Ativo Imobilizado (bem patrimonial).

Para exemplificar, vamos depreciar um Ativo Imobilizado (bem patrimonial) do grupo de contas computadores e periféricos, com valor original de $ 10.000,00, sendo seu primeiro ano de depreciação. Conforme tabela de taxa de depreciação fiscal, temos que depreciar 10% ao ano:

Custo de aquisição do bem patrimonial   = $ 10.000
Taxa de depreciação   = 20% ao ano

Então,

Depreciação = $ 10.000 × 20%   = $ 2.000

14.5 Alguns indicadores de imobilização

14.5.1 *Crescimento do imobilizado*

$$\frac{\text{Acréscimo do imobilizado do ano}}{\text{Imobilizado do ano anterior}}$$

Exemplo: "Nossa empresa" Cia. Jundiaí S.A.

Balanço patrimonial – Imobilizado		
	20X2	**20X1**
Imobilizado (valor sem depreciação)	945.000	425.000
Imóveis	800.000	400.000
Móveis e utensílios	25.000	10.000
Equipamentos de informática	50.000	15.000
Veículos	70.000	25.000

Então,

$$\frac{\text{Acréscimo no ano, de}}{\text{Valor, ano anterior, de}} \quad \frac{\text{R\$ 520.000}}{425.000} = 1,22$$

Ou seja, houve um acréscimo de 22% em relação ao ano anterior.

14.5.2 *Índice de imobilização sobre o Patrimônio Líquido*

$$\frac{\text{Imobilizado}}{\text{Patrimônio Líquido}}$$

Exemplo: "Nossa empresa" Cia. Jundiaí S.A.

Cia. Jundiaí S.A. – Balanço patrimonial			
	20X2		
Ativo Não Circulante	1.300.000	Passivo Não Circulante	915.000
Imobilizado	885.000	Patrimônio Líquido	673.000

Então,

$$\frac{Imobilizado}{PL} = \frac{885.000}{673.000} = 1,315$$

$$\frac{Ativo\ Não\ Circulante}{PL} = \frac{1.300.00}{673.000} = 1,9316$$

Os índices mostram quanto do Patrimônio Líquido foi imobilizado ou aplicado no Ativo Fixo.

14.5.3 *Índice de imobilização em função dos recursos próprios e financiamentos de longo prazo*

$$\frac{Imobilizado}{PL + ELP}$$

$$\frac{Ativo\ Não\ Circulante - RLP}{PL + ELP}$$

Tanto o Patrimônio Líquido (PL) como o exigível a longo prazo (ELP) são origens de recursos adequados para aplicação no investimento imobilizado e intangível (retorno lento). Se o Ativo Fixo for maior que o PL + ELP (Passivo Não Circulante), isso significa que a empresa está imobilizando o Passivo Circulante, o que é péssimo.

Exemplo: Como está "nossa empresa", Cia. Jundiaí S.A.:

$$ELP - R\$\ 915.000 + PL - 673.000 = R\$\ 1.588.000$$

$$\frac{Ativo\ Não\ Circulante - RLP}{PL + ELP} = \frac{1.300.000}{1.588.000} = 0,8186$$

Conforme demonstra o índice, "nossa empresa" não está imobilizando parte do Passivo Circulante, em decorrência de o índice ser menor que 1, tendo folga de 0,1814.

14.6 A idade do imobilizado

A globalização obrigou as empresas brasileiras a buscar padrões de eficiência, competência e competitividade internacional. Uma empresa têxtil, na região de Americana – SP, deverá ter a mesma produtividade de uma concorrente na Coreia do Sul ou Estados Unidos, se quiser sobreviver.

Em função de inflação alta, juros altos, recessão etc., o empresário brasileiro investiu muito pouco nas últimas décadas, tornando as empresas obsoletas, antiquadas e, em alguns casos, com o processo produtivo sucateado em relação aos padrões internacionais.

Fala-se que, enquanto as indústrias norte-americanas têm imobilizado com idade média de 3,0 anos, no Brasil, a média ultrapassa 7,5 anos. Verdadeiros ou não, esses dados são fundamentais. Cada empresa deveria estar calculando a idade de seus bens de produção (e outros) e comparando-os com os melhores (padrão).

Vamos comparar a conta máquinas e equipamentos, constante no imobilizado da empresa Têxtil A, com a empresa Têxtil C, admitindo-se que ambas operam no mercado há mais de 10 anos.

Imobilizado	A	B
Máquinas ou equipamentos	2.600.000	5.980.000
(–) Depreciação acumulada	(2.048.000)	(1.196.000)
Valor líquido do imobilizado	552.000	4.784.000
Percentual de depreciação acumulada	$\dfrac{1.196.000}{5.980.000} \times 100 = 20\%$	$\dfrac{2.048.000}{2.600.000} \times 100 = 80\%$

Considerando a taxa de depreciação de máquinas de 10% ao ano, ou seja, uma vida útil de 10 anos, a idade das máquinas da Têxtil A é de 8 anos (80%/10%) e da Têxtil C é 2 anos (20%/10%). Parte-se do pressuposto de que a segunda empresa é mais moderna, com tecnologia mais avançada e mais competitiva que a primeira.

EXERCÍCIOS

1. Por que é normal a indústria ter um maior volume de imobilização em Ativo Fixo? Justifique.
2. Qual a melhor maneira de financiar o Ativo Fixo das empresas? Comente.
3. Todos os bens do imobilizado são depreciados?
4. O que significa alienação de bem patrimonial?
5. De que forma poderíamos evitar agregar maiores valores no Ativo Fixo?
6. Por que a idade do imobilizado é importante no processo de tomada de decisão?

15 Decisões Referentes ao Comportamento das Despesas em Relação às Vendas

OBJETIVOS DO CAPÍTULO

- Entender a análise horizontal.
- Estudar a participação e a evolução das despesas em relação às vendas.

15.1 Análise horizontal

Para analisar o comportamento das despesas em relação às vendas, vamos utilizar, como exemplo, valores hipotéticos (em $ milhões):

Demonstração do Resultado	X1	X0	Evolução %
Receita de vendas	1.800	1.000	80%
Custos de produção	(790)	(390)	103%
Matéria-prima	440	200	120%

(continua)

Cap. 15 • DECISÕES REFERENTES AO COMPORTAMENTO DAS DESPESAS EM RELAÇÃO ÀS VENDAS — 143

Continuação

Demonstração do Resultado	X1	X0	Evolução %
Mão de obra	290	150	93%
Outros	60	40	50%
Despesas	**(1108)**	**(480)**	**131%**
Vendas	216	120	80%
Administrativas	492	210	134%
Financeiras	400	150	167
Lucro (prejuízo) operacional	**(98)**	130	(175%)

Os dados contábeis evidenciam, por uma análise horizontal, de forma objetiva, quais são os principais aspectos que contribuíram para a queda da rentabilidade (no nosso exemplo, a empresa tornou-se deficitária), para que os administradores possam agir nos pontos cruciais da sua empresa.

Embora a empresa apresente um crescimento nominal de venda (80%), na verdade, é preciso verificar se houve um acréscimo real. Para isso, precisa-se conhecer se a inflação de 20X1 foi menor que 80%. Os custos aumentaram (103%) em proporção maior que as vendas, o que agrava bastante a situação.

Dos componentes do *custo*, a *matéria-prima* foi a que mais contribuiu para o prejuízo da empresa, pois aumentou demasiadamente (120%) e é o item que representa a maior participação nos custos; a *Mão de obra*, embora tenha aumentado em proporção maior que as *Vendas*, não é um item tão representativo.

Todavia, é o grupo de *despesas* que decisivamente contribuiu para o prejuízo da empresa. Além de representar um montante maior que o item *custo*, cresceu, no período, 131%, distanciando-se sensivelmente das *vendas*.

Dos componentes das *despesas*, dois itens desequilibraram totalmente a situação da empresa: *despesas administrativas* e *despesas financeiras*.

O comportamento de cada despesa/custo que cresceu mais que as vendas deverá ser analisado para correção.

15.2 Despesas/receitas financeiras

Conforme disposição da Lei das Sociedades por Ações, será evidenciado no subgrupo *despesas financeiras* (grupo das *despesas operacionais*) o confronto despesa × receita financeira.

Não há dúvida de que a obtenção de receita financeira propicia a redução do custo real dos financiamentos. Aliás, é uma das formas de se reduzir a taxa de juros real paga pela empresa.

Vamos admitir que uma empresa tenha contraído de empréstimo durante o ano, em média, $ 100 milhões. As despesas financeiras do período totalizaram $ 90 milhões, indicando uma taxa de juros de 90% ao ano. No caso de existir receita financeira, digamos, de $ 30 milhões, o custo do dinheiro cairia para $ 60, reduzindo os encargos financeiros líquidos para 60%.

Despesa financeira	$ 90	$ 60
(–) Receita financeira	($ 30)	= 60%
Encargos financeiros líquidos	$ 60	$ 100

Observamos, de maneira geral, que as pequenas empresas (e algumas médias) não apresentam receita financeira, não havendo redução do custo real do financiamento. Os empresários argumentam de imediato: "Não temos dinheiro nem para pagar nossos compromissos, quanto mais para aplicar no mercado financeiro para obter receita financeira".

Entretanto, uma administração financeira, por mais rudimentar que seja, induz às aplicações de caixa ocioso, ainda que por pouco tempo. Toda empresa que, por exemplo, faz pagamento de salário no dia 8 de cada mês acumula recursos com alguns dias de antecedência, podendo, dessa forma, fazer aplicações rápidas no mercado financeiro.

Sem dúvida, há necessidade de um cuidado maior por parte da administração nesse sentido.

EXERCÍCIOS

1. O que compõe as vendas (receita)?
2. De que forma poderíamos calcular a progressão das vendas?
3. Qual o relatório evidencia o valor das vendas?
4. Poderíamos admitir uma empresa com prejuízo operacional? Comente a respeito.
5. Quais os tipos de dedução sobre vendas que poderiam prejudicar a realização da receita verdadeira (vendas líquidas)? Explique.
6. A empresa Holandesa S.A. apresentou, nos últimos períodos, as seguintes vendas: (em milhares)
   X0 = 5.000
   X1 = 6.000
   X2 = 7.000
   X3 = 8.000
   Calcule a evolução das vendas, tomando como base o ano de "X0".
7. A Cia. Desligada S.A. está preocupada com seu resultado de X4. O que prejudicou o resultado da empresa, após análise da Demonstração do Resultado do Exercício (DRE), a seguir?

Cap. 15 • DECISÕES REFERENTES AO COMPORTAMENTO DAS DESPESAS EM RELAÇÃO ÀS VENDAS 145

Demonstração do Resultado	X3	X4	Evolução %
Receita de vendas	2.000	3.000	
(–) Custos das vendas:	(1.000)	(1.500)	
(=) Margem bruta	1.000	1.500	
(–) Despesas operacionais	(800)	(1.300)	
(=) Lucro operacional	200	200	

Para responder, calcule a evolução.

8. A Cia. Exemplo teve um resultado operacional de $ 200 (mil) em X1, antes de calcular as despesas financeiras. Calcule o resultado final e comente sobre o grupo das *despesas financeiras*.

    Despesas financeiras $ 180 (mil)

    Variação cambial ativa $ 250 (mil)

9. A Cia. Jundiaí S.A. apresentou a evolução das contas do resultado:

    Vendas 50%

    Custos 70%

    Despesas 40%

    Pede-se:

    a) Analisar a evolução das vendas e despesas da Cia. América S.A.

    b) Dizer o que provavelmente está prejudicando a empresa.

    c) Fazer recomendações à empresa.

10. Qual o objetivo do administrador ao dar uma atenção especial ao comportamento das vendas e confrontá-las com seus custos e despesas?

11. Calcular a evolução da Demonstração de Resultado do Exercício da Cia. Jundiaí S.A.

Demonstração do Resultado do Exercício Cia. Jundiaí S.A.				
	20X2	AV	20X1	AV
Receitas operacionais brutas				
Vendas de mercadorias, produtos e serviços	3.000.000		2.000.000	
Deduções e abatimentos				
Vendas anuladas	(15.000)		(10.000)	
Descontos incondicionais concedidos	(70.000)		(45.000)	
ICMS sobre vendas	(210.000)		(140.000)	
IPI sobre vendas	(120.000)		(80.000)	
PIS sobre o faturamento (alíquota 1,65% – Lei nº 10.637)	(19.800)		(13.200)	
COFINS	(90.000)		(60.000)	

(continua)

Continuação

Demonstração do Resultado do Exercício Cia. Jundiaí S.A.				
	20X2	AV	20X1	AV
Receita operecional líquida	2.475.200	100%	1.651.800	100%
Custo das vendas e dos serviços prestados	(1.485.000)	(60%)	(989.000)	(59,87%)
Lucro bruto	990.200	40%	662.800	40,13%
Despesas operacionais				
Despesas com vendas	(150.000)	(6,06%)	(250.000)	(15,14%)
Despesas administrativas	(443.048)	(17,90%)	(226.709)	(13,72%)
Despesas financeiras, líquidas	(82.000)	(3,31%)	(27.000)	(1,63%)
Lucro (prejuízo) operacional	315.152	12,73%	159.091	9,63%
Lucro (prejuízo) antes do Imposto de Renda e contribuição social	315.152	12,73%	159.091	9,63%
Imposto de Renda e contribuição social (Alíquota 34%)	(107.152)	(4,33%)	(54.091)	(3,27%)
Lucro líquido	208.000	8,40%	105.000	6,36%

16 Análise Horizontal e Vertical

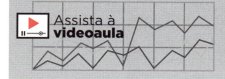

OBJETIVOS DO CAPÍTULO

- Analisar a evolução dos índices econômicos e financeiros da empresa, comparando as contas de um exercício com o outro (análise horizontal).
- Avaliar a participação percentual de cada conta (análise vertical), pertencente às suas respectivas Demonstrações Financeiras.

16.1 Análise vertical

Se calcularmos a porcentagem dos itens do Ativo sobre o Ativo Total, do disponível, de duplicatas a receber e de estoque sobre o Ativo Circulante; dos itens do Passivo sobre o Passivo Total ou sobre o Não Circulante (longo prazo), estaremos fazendo uma análise vertical no balanço patrimonial.

Na Demonstração do Resultado do Exercício (DRE), se calcularmos as porcentagens de despesas, custos e lucros sobre vendas, verificando a proporção dos itens dessa demonstração sobre a receita, também estaremos fazendo uma análise vertical.

Todos os percentuais calculados estão dispostos na linha vertical. O simples fato de dispor um número sobre o outro já nos evidencia uma disposição vertical.

Na análise elaborada, alguns dados são relevantes:

a) A empresa investe em proporção maior no Ativo Fixo (60%) e em proporção menor no Circulante (40%). Provavelmente, é uma indústria.

b) No Ativo Fixo, as aplicações concentraram-se em investimentos, dando uma imagem clara de que a empresa prefere investir em itens não operacionais, ou melhor, fazer aplicações que não contribuam para manutenção da atividade operacional da empresa.

c) No Ativo Circulante, as aplicações concentram-se no item estoques.

Balanço patrimonial			
		Análise vertical	
Ativo			
Circulante			
Disponível	5.000	2,7%	1
Duplicatas a receber	28.000	15,1%	2
Estoques	42.000	22,7%	3
		40,5%	
Não Circulante			
Investimentos	45.000	24,3%	4
Imobilizado	40.000	21,6%	5
Intangível	25.000	13,5%	6
			7
	110.000	59,5%	
Total Ativo	185.000	100,0%	

$$1) \frac{5.000}{185.000} \times 100 = 2,7\%$$

$$2) \frac{28.000}{185.000} \times 100 = 15,1\%$$

$$3) \frac{42.000}{185.000} \times 100 = 22,7\%$$

$$4) \frac{45.000}{185.000} \times 100 = 24,3\%$$

$$5) \frac{40.000}{185.000} \times 100 = 21,6\%$$

$$6) \frac{25.000}{185.000} \times 100 = 13,5\%$$

Assim, observamos uma análise vertical do balanço patrimonial que nos indica a porcentagem do Ativo Total aplicada em suas várias categorias.

Esse tipo de análise propicia a comparação da porcentagem dos itens do Ativo em relação a outras empresas, basicamente as concorrentes (empresas do mesmo ramo de atividade). De maneira análoga, compararemos os percentuais da Demonstração do Resultado do Exercício.

Saberemos, então, se os nossos investimentos em estoques são maiores que os de nossos concorrentes; se nosso custo é mais elevado que o das outras empresas do mesmo ramo, obtendo um indicador relevante para melhor administrar o nosso custo.

Cap. 16 • **ANÁLISE HORIZONTAL E VERTICAL** 149

Todavia, a análise vertical só será completa quando elaborada simultaneamente em dois ou mais períodos. A seguir, apresentaremos uma análise vertical da "Cia. Lambe-Lambe", em três períodos para o balanço patrimonial, em dois períodos para a Demonstração do Resultado do Exercício (DRE).

Balanço patrimonial Cia. Lambe-Lambe S.A.						
	20X3	AV	20X2	AV	20X1	AV
ATIVO						
Circulante						
Disponível	21.853	2%	44.422	5%	27.640	6%
Estoques	340.428	30%	331.053	35%	124.638	26%
Clientes	99.439	9%	94.256	10%	28.754	6%
Outros	299.790	26%	174.828	19%	115.362	24%
Total do Circulante	761.510	67%	644.559	69%	296.394	62%
Não Circulante						
Realizável a longo prazo						
Diversos	31.705	3%	29.680	3%	36.702	8%
Investimentos	182.535	16%	105.583	11%	61.010	12%
Imobilizado	107.540	8%	62.652	7%	60.781	13%
Intangível	67.790	6%	85.032	10%	23.433	5%
Total do Não Circulante	357.865	30%	253.267	28%	145.224	30%
Total do Ativo	1.151.080	100%	927.506	100%	478.320	100%
PASSIVO						
Circulante						
Contas a pagar	565.751	49%	456.209	50%	72.021	15%
Não Circulante						
Diversos	130.776	11%	161.293	17%	226.273	47%
PATRIMÔNIO LÍQUIDO						
Capital	131.250	11%	87.500	9%	70.000	15%
Reservas	323.303	29%	222.504	24%	110.026	23%
Total do Patrimônio Líquido	454.553	40%	310.004	33%	180.026	38%
Total do Passivo + PL	1.151.080	100%	927.506	100%	478.320	100%

AV = análise vertical

Demonstração do Resultado do Exercício Cia. Lambe-Lambe S.A.				
	20X2	AV	20X1	AV
Receita de vendas	1.476.551	100%	921.995	100%
(–) Custo das Mercadorias Vendidas – CMV	(774.031)	– 52%	(640.676)	– 69%
Lucro bruto	**702.520**	**48%**	**281.319**	**31%**
(–) Despesas operacionais				
Despesas de vendas	(487.482)	– 33%	(158.144)	– 17%
Despesas administrativas	(74.255)	– 6%	(42.781)	– 5%
Despesas financeiras	(0.311)	–	(17.936)	2%
Outras despesas	2.687	–	(8.734)	–
Lucro antes do Imposto de Renda e c. social	151.094	10%	89.128	10%
Provisão para Imposto de Renda e c. social	(6.930)	–	(2.333)	–
Lucro líquido do exercício	144.164	10%	86.795	9%

AV = análise vertical

Conclusões

O Ativo Circulante cresceu em relação ao Ativo Total de 20X1 para 20X2, tendo havido uma redução do disponível e um crescimento nos estoques e em clientes.

O realizável a longo prazo apresenta um sensível decréscimo, sendo compensado pelo acréscimo no Ativo Circulante.

No Ativo Fixo, observamos uma redução do imobilizado e uma elevação nos investimentos, embora esse grupo tenha permanecido no mesmo nível em relação ao Ativo Total.

No Passivo Circulante, as dívidas a curto prazo cresceram sensivelmente em relação aos recursos totais, enquanto a longo prazo apresentou uma significativa queda, piorando a composição do endividamento da empresa.

O Patrimônio Líquido permaneceu no mesmo nível, embora a participação do capital tenha diminuído em relação ao Patrimônio Líquido.

Na DRE, observamos uma surpreendente redução dos custos das vendas, melhorando sensivelmente a margem bruta (lucro bruto sobre as vendas).

Por outro lado, as despesas operacionais cresceram desmesuradamente, sobretudo as despesas de vendas, cuja porcentagem em relação às vendas duplicou. Assim, o lucro bruto, que cresceu sensivelmente de um ano para outro, é bruscamente reduzido pelo acréscimo nas despesas de vendas, mantendo o lucro operacional quase no mesmo nível do ano anterior.

O lucro líquido apresentou um leve acréscimo no último ano.

A seguir, passaremos a tratar sobre a análise horizontal. Na verdade, análise vertical e análise horizontal deveriam ser estudadas conjuntamente; no entanto, para fins didáticos, preferimos estudá-las separadamente.

Na análise horizontal (análise dinâmica), iremos considerar uma série temporal de valores ou índices (percentuais). Analisaremos o comportamento de cada item ou índice, as diminuições e os acréscimos, além das variações percentuais.

Atente para o fato de que a análise vertical (análise estática) estuda as relações existentes entre certos itens e determinado valor (Ativo, vendas etc.) em certa data.

16.2 Análise horizontal (análise de tendência)

A observação de uma sequência de valores de um mesmo índice ou de uma sequência de valores de uma mesma conta, durante vários anos ou períodos, é denominada análise horizontal. Como exemplo, a seguinte sequência de liquidez corrente.

Horizontal

	20X3	20X4	20X5
Liquidez corrente	1,20	1,28	1,37

Portanto, só pode existir análise horizontal se tivermos pelo menos índices ou valores de 2 anos. Com dados de apenas 1 ano, não é possível fazer a análise horizontal.

A análise horizontal, comparação das Demonstrações Financeiras em dois ou mais exercícios, pode ser em valores absolutos ou em percentuais. Por meio dessa análise, pode-se estudar o comportamento dos itens das Demonstrações Financeiras.

16.3 Análise horizontal e a base 100

Um instrumento muito útil para a análise horizontal é considerar o primeiro índice ou cifra igual a 100 e, por meio de uma regra de três simples, atribuir a evolução (com base em 100) de cada índice ou cifra. Por esse método, torna-se mais simples visualizar a evolução percentual da série em análise.

Dando sequência ao nosso exemplo, atribuiremos a base 100 ao primeiro índice (20X3), que é 1,20.

	20X3	20X4	20X5
Liquidez corrente	1,20	1,28	1,37
	100	...	...

Pela regra de três simples, encontraremos a evolução, com base em 100, para 20X4 e 20X5.

P/ 20X4

$$1,20 \longrightarrow 100$$
$$1,28 \longrightarrow X1$$

$$X1 = \frac{1,28 \times 100}{1,20}$$

P/ 20X5

$$1,20 \longrightarrow 100$$
$$1,37 \longrightarrow X2$$

$$X2 = \frac{1,37 \times 100}{1,20}$$

Então:

	20X3	**20X4**	**20X5**
Liquidez corrente	1,20	1,28	1,37
Evolução com base 100	100	107	114

O crescimento de 20X3 para 20X4 foi de 7%, enquanto a evolução de 20X3 para 20X5 foi de 14%.

A determinação das séries com base 100 é muito interessante para itens, por exemplo, da DRE. Aqui, analisaremos a evolução das despesas e dos custos em relação às vendas (e outros), como podemos observar no exemplo a seguir.

	20X3	20X4	20X5
Receita de vendas	23.860	30.600	43.000
(–) Custo das Mercadorias Vendidas – CMV	(13.000)	(18.000)	(25.000)
Lucro bruto	10.680	12.600	18.000
(–) Despesas administrativas	(5.000)	(6.000)	(10.000)
(–) Despesas de vendas	(1.800)	(1.800)	(2.000)
(–) Despesas financeiras	(1.260)	(1.800)	(2.000)
Lucro líquido	2.800	3.000	4.000

A seguir, substituiremos os valores de 20X3 por base 100.

	20X3	20X4	20X5
Receita de vendas	100	–	–
(–) Custo das Mercadorias Vendidas – CMV	100	–	–
Lucro bruto	100	–	–
(–) Despesas administrativas	100	–	–

(continua)

Continuação

	20X3	20X4	20X5
(–) Despesas de vendas	100	–	–
(–) Despesas financeiras	100	–	–
Lucro líquido	100	–	–

O próximo passo é substituir os valores de 20X4 e 20X5, com base no índice 100, atribuído a todos os valores em 20X3. Utilizando a regra de três, encontramos os seguintes índices.

	20X3	20X4	20X5
Receita de vendas	100	128	180
(–) Custo das Mercadorias Vendidas – CMV	100	138	192
Lucro bruto	100	118	169
(–) Despesas administrativas	100	120	200
(–) Despesas de vendas	100	100	11
(–) Despesas financeiras	100	143	159
Lucro líquido	100	107	143

Observamos que o lucro líquido cresce em apenas 43%, ao passo que as vendas crescem em 80%. Isso se deve a certos itens de despesas/custos, que cresceram em proporção maior que as vendas, como é o caso do CMV e de despesas administrativas.

Dessa forma, a empresa convergirá sua atenção para aqueles dois itens, pois eles são os responsáveis diretos pelo atrofiamento no crescimento do lucro líquido.

Certamente, um estudo mais detalhado no CMV e em despesas administrativas é necessário.

A análise horizontal, portanto, na DRE, como acabamos de observar, torna evidentes ao analista as principais alterações no comportamento de itens daquela demonstração, restando somente uma investigação mais aprofundada dos itens que mais se modificaram.

EXERCÍCIOS

1. Qual o objetivo das análises horizontal e vertical?
2. Por que é importante analisar horizontal e verticalmente a empresa em mais de um período?
3. Na análise horizontal, qual a importância de estabelecer uma base (100) para análise?

4. Que tipo de ligação tem a análise horizontal com a tendência dos indicadores?

5. O Sr. Sabino, diretor de vendas, demonstrou ao presidente da Cia. Indaiá S.A. o expressivo crescimento nas vendas no último período. Todavia, a inflação do período foi de 10% a.a. Dessa forma e com base nos dados a seguir, analise o argumento do Sr. Sabino.

	X0	X1	X2
Receita de vendas	5.000	4.800	5.250

6. Calcule e faça a análise vertical da DRE da Cia. Exemplo.

	Valor – 20X1	Análise vertical
Receita de vendas	8.000	
(–) Custo das Mercadorias Vendidas – CMV	(5.000)	
Lucro bruto	3.000	
(–) Despesas administrativas	(800)	
(–) Despesas de vendas	(1.000)	
(–) Despesas financeiras	(500)	
(–) Outras	(200)	
Lucro líquido	500	

7. Após o resultado de 20X1 da Cia. Exemplo, calcule X2 e faça também a análise horizontal.

	Valor – 20X2	AV	AH/X1	AH/X2
Receita de vendas	10.000			
(–) Custo das Mercadorias Vendidas – CMV	(6.500)			
Lucro bruto	3.500			
(–) Despesas administrativas	(1.200)			
(–) Despesas de vendas	(1.200)			
(–) Despesas financeiras	(775)			
(–) Outras	(200)			
Lucro líquido	125			

8. Complete o relatório a seguir, tomando como base os exercícios 6 e 7.

As vendas _____ (cresceram/decresceram) de X1 para X2 em _____ %. O resultado das vendas foi um _____ (lucro/prejuízo) em X1 e _____ (lucro/prejuízo) em X2. O crescimento do lucro de X1 para X2 foi _____ (satisfatório/insatisfatório), pois apresentou um _____ (acréscimo/decréscimo) de _____ %. O custo apresentou um _____ (bom/mau) desempenho, mostrando um _____ (acréscimo/decréscimo) de _____ %. Dessa forma, o lucro bruto que representava _____ % das vendas _____ (subiu/desceu) para _____ %. Esse _____ (acréscimo/decréscimo) _____ (foi/não foi) relevante, visto que o lucro líquido apresentou _____ (crescimento/decrescimento) de _____ % em X1 para _____ em X2, em relação às vendas. As despesas operacionais _____ (cresceram/decresceram) de X1 para X2, sendo que, entre as despesas, a que apresentou uma alteração mais significativa foi a despesa _____ (c/vendas/administrativa/financeira).

9. Calcular as análises vertical e horizontal da Cia. P. Rosa S.A., conforme as Demonstrações Financeiras.

BALANÇO PATRIMONIAL						
ATIVO	**X1**	**AV%**	**AH%**	**X2**	**AV%**	**AH%**
Circulante:						
Disponível	8.000			10.000		
Clientes	40.000			80.000		
Estoques	52.000			50.000		
Total do Circulante	100.000			140.000		
Não Circulante:						
Realizável a longo prazo	14.000			16.000		
Investimentos	16.000			20.000		
Imobilizado	180.000			199.000		
Intangível	20.000			25.000		
Total do Não Circulante	230.000			260.000		
Total do Ativo	330.000			400.000		
PASSIVO						
Circulante:						
Fornecedores	50.000			60.000		
Empréstimos	16.000			40.000		
Salários a pagar	20.000			20.000		
Total do Circulante	88.000			122.000		
Não Circulante:						
Financiamentos	7.000			6.000		
PATRIMÔNIO LÍQUIDO						
Capital	180.000			200.000		
Reservas de lucros	55.000			72.000		
Total do Patrimônio Líquido	235.000			272.000		
Total do Passivo + PL	330.000			400.000		

DEMONSTRAÇÃO DO RESULTADO DE EXERCÍCIO						
	X1	AV%	AH%	X2	AV%	AH%
Receita de vendas bruta	80.000			90.000		
(–) Deduções	(1.500)			(2.000)		
Receita de vendas líquida	78.500			88.000		
(–) Custo das vendas (CMV)	(50.000)			(60.000)		
Lucro bruto	28.500			28.000		
Despesas operacionais:	(27.400)			(27.000)		
Despesas de vendas	(13.000)			(13.000)		
Despesas administrativas	(10.400)			(10.000)		
Financeiras líquidas	(4.000)			(4.000)		
Lucro antes do Imposto de Renda	1.100			1.000		
Provisão para Imposto de Renda	(100)			(200)		
Lucro líquido do exercício	1.000			800		

10. Relatório:

O total dos Ativos da empresa _____ (cresceu/decresceu) em _____ % de X1 para X2. Esse _____ (crescimento/decréscimo) deveu-se principalmente ao Ativo _____ (Circulante/Permanente), que apresentou um_____ (crescimento/decréscimo) de _____ %. Dessa forma, a estrutura dos Ativos da empresa foi _____ (mantida/ alterada). Em X1,_____ % dos recursos achavam-se aplicados no Ativo _____ (Circulante/Permanente), percentual este que _____ (caiu/subiu) para _____ % em X2. Esse _____ (crescimento/ decréscimo) foi financiado basicamente por capital _____ (próprio/ de terceiros), que passou de _____ % em X1 para _____ % em X2, enquanto as exigibilidades totais _____ (aumentaram/diminuíram) em _____ %, o capital próprio _____ (decresceu/cresceu) em _____ %, demonstrando _____ (maior/menor) dependência da empresa aos credores. A conta "Fornecedores", em X1, _____ (era/não era) a principal fonte de recursos da empresa, representando _____ % do Passivo.

A empresa, de X1 para X2, _____ (substituiu/não substituiu) em boa parte a dependência bancária a longo prazo.

As vendas apresentaram uma _____ (grande/pequena) expansão de _____ % no período.

O _____ (CMV/CPV/CSV) apresentou um _____ (bom/mau) desempenho, mostrando um _____ (acréscimo/decréscimo) de _____ %. Com isso, o lucro bruto, que representava _____ % das vendas, _____ (subiu/desceu) para _____ %.

Esse _____ (acréscimo/decréscimo) _____ (foi/não foi) significativo, diante do fato de o lucro líquido ter _____ (crescido/decrescido) de _____ % em X2, em relação às vendas.

As despesas operacionais _____ (cresceram/decresceram) de X1 para X2, sendo que, entre essas despesas, a que apresentou uma alteração relevante foi a de _____ (vendas/administrativas/financeiras), pois podemos observar um _____ (crescimento/decréscimo) de _____ % de X1 para X2, sendo esta a mais provável causa do(a) _____ (redução/aumento) do lucro líquido do exercício.

17 Decisões Referentes à Rentabilidade

OBJETIVOS DO CAPÍTULO

- Entender as Margens de Retorno.
- Aprender a fórmula DuPont.
- Compreender as decisões referentes à rentabilidade.

17.1 Introdução

Melhorar a rentabilidade é uma meta incansável por parte de qualquer empresa.

Para se atingir um melhor desempenho na rentabilidade, dois aspectos são fundamentais: aumentar o lucro e minimizar os investimentos, sem perder o volume de produção. Em outras palavras, melhorar a produtividade.

Ao comparar rentabilidade da empresa com empresário, por meio de um estudo da Taxa de Retorno sobre Investimentos (TRI), podemos detectar os principais empecilhos ao aumento da rentabilidade:

- análise da Taxa de Retorno sobre Investimentos;
- retorno é o lucro obtido pela empresa.

Investimento é toda aplicação realizada pela empresa com o objetivo de obter lucro (retorno). As aplicações estão evidenciadas no Ativo. Assim, temos as aplicações em disponíveis, estoques, imobilizados, investimentos etc. A combinação de todas essas aplicações proporciona resultado para a empresa: lucro ou prejuízo.

$$\text{Taxa de Retorno sobre o Investimento (TRI)} = \frac{\text{Lucro líquido}}{\text{Ativo}}$$

Neste caso, a taxa é o percentual obtido na divisão Lucro/Ativo.

Taxa de Retorno e Margem $\times$ Giro

A Taxa de Retorno pode decompor-se em dois elementos, que contribuirão sensivelmente para o seu estudo:

a) *Margem de lucro líquido*: Significa quantos centavos de cada real de venda restaram após a dedução de todas as despesas (inclusive o Imposto de Renda). Evidentemente, quanto maior a margem, melhor.

$$\text{Margem de lucro} = \frac{\text{Lucro líquido}}{\text{Ativo Total}} = \$ \text{ centavos de lucro para cada } \$ 1,00 \text{ vendido}$$

b) *Giro do Ativo*: Significa a eficiência com que a empresa utiliza os seus Ativos, com o objetivo de gerar reais de vendas. Quanto maior a venda gerada, mais eficientemente os Ativos foram utilizados.

$$\text{Giro do Ativo} = \frac{\text{Vendas}}{\text{Ativo Total}} = \text{a empresa vendeu o correspondente a ... vezes o seu Ativo}$$

c) *Taxa de Retorno sobre Investimentos*: Pode ser obtida por meio da multiplicação da margem de lucro pelo giro do Ativo:

$$\text{TRI} = \frac{\text{Lucro líquido}}{\text{Ativo Total}}$$

Análise da margem $\times$ giro

Empresas podem ter a mesma Taxa de Retorno sobre Investimentos, com margem e giros diferentes. Por exemplo:

Empresas				Margem		Giro
A	TRI	15%	=	0,15	×	1,0
B	TRI	15%	=	0,075	×	2,0
C	TRI	15%	=	0,20	×	0,75

Assim, conforme a característica de cada empresa, o ganho poderá ocorrer em uma concentração maior sobre o giro ou sobre a margem.

Empresas que ganham mais na margem

Empresas que necessitam de grandes investimentos terão dificuldades em vender o correspondente a uma vez o seu Ativo durante o ano ou, ainda, necessitam de vários anos para vendê-lo uma vez apenas. Essas empresas ganharão na margem para obter uma boa TRI. São os casos das usinas hidrelétricas, do Metrô, da Eletrobras etc.

Se o Metrô desejar uma TRI de 20% ao ano, sabendo que demorará, em média, 4 anos para vender uma vez o seu Ativo, deverá planejar uma margem de lucro de 80%.

$$\text{TRI} = \text{Margem} \times \text{Giro}$$
$$\mathbf{20\% = y} \quad \times \quad \mathbf{0,25\ y = 80\%}$$
$$0,20 = y \quad \times \quad 0,25\ y = 0,80$$

Ou seja, de cada bilhete vendido, 20% será custo e 80% será lucro. Assim, sem prejudicar a TRI, o giro lento do Ativo será compensado pela boa margem.

Se nós comprarmos uma lata de leite em pó, no domingo, em uma padaria, pagaremos um preço bem mais elevado do que em um supermercado. Apesar de nossa reação negativa, poderemos afirmar que o proprietário da padaria não está ganhando mais que o supermercado (talvez menos). O que acontece é que o primeiro está ganhando na margem (pois as latas ficam estocadas longo tempo nas prateleiras, girando pouco o seu Ativo), enquanto o supermercado ganha no giro (as latas ficam pouco tempo nas prateleiras). Os comércios de ouro, seguros, butiques, hotéis, turismo etc. são exemplos de empresas que ganham na margem.

Empresas que ganham mais no giro

O supermercado é um caso típico de atividade que ganha no giro, isto é, vende seu estoque (que representa grande parte do seu Ativo) muitas vezes durante o ano; por isso, pode cobrar mais barato.

Uma casa de "pizza a rodízio" ganha na quantidade vendida, não na margem. Algumas empresas aéreas americanas preferem cobrar menos no preço da passagem, para, com isso, terem suas aeronaves sempre lotadas; entretanto, outras (o caso brasileiro, até pouco tempo atrás) preferem ganhar na margem (embora, muitas vezes, seus aviões sobrevoem quase vazios). Magazines, transportes coletivos, editoras, jornais etc. ganham no giro.

Na Figura 17.1, observamos alguns exemplos, com dados ilustrativos, de empresas que apresentam uma TRI em torno de 12%, mas cada uma delas com diferente margem de lucro e diferente giro.

Quadro 17.1 Giro × Margem de algumas empresas brasileiras

Empresas	Giro	×	Margem	=	TRI
Usina hidroelétrica	0,15	×	77%	=	11,55%
Siderúrgica	0,52	×	26%	=	13,52%
Indústria têxtil	1,25	×	8,95%	=	11,19%
Distribuidora de gás	3,30	×	1,04%	=	12,48%

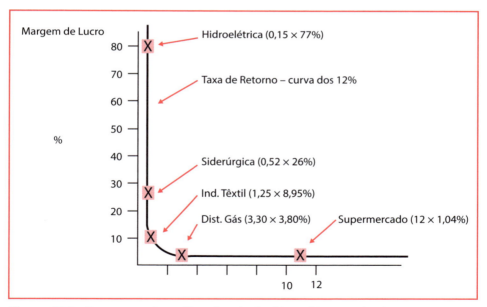

Figura 17.1 Representação gráfica da relação Giro × Margem de algumas empresas brasileiras.

Esses dados, ainda que sejam somente exemplos, refletem a tendência de cada setor. Por exemplo, um supermercado tem margem de lucro baixíssima, entre 1% e 2%.

17.2 A fórmula *DuPont*

Analisaremos, por meio deste modelo, todos os itens que contribuem para a formação da TRI. Em um único quadro, teremos todos os componentes que formam a Taxa de Retorno.

Devemos analisar item por item. Qual item está contribuindo em proporção maior, por exemplo, para a queda da Taxa de Retorno?

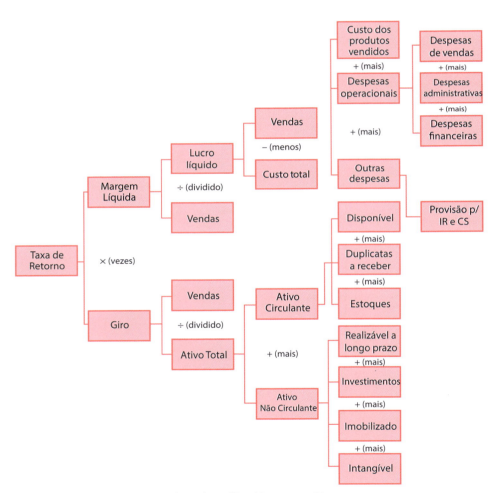

Figura 17.2 Esquema completo da análise Margem × Giro.

Admitamos que a TRI da Cia. Maria Júlia esteja decaindo com o passar dos anos. Constatou-se que a razão básica é a queda da margem de lucro, pois o giro se manteve constante. Aprofundando a análise, verificou-se que o custo total está crescendo mais que as vendas; que as despesas operacionais cresceram em proporção maior que todos os itens de custos; que as despesas administrativas são as que mais subiram. Assim, conhecemos onde reside o problema, para que possamos agir a fim de solucioná-lo.

A Cia. Tatiana, com fim especulativo, compra um grande lote de estoque (a prazo), para ganhar com a inflação. No final do ano, seu presidente constata, com surpresa, que a TRI da Cia. Tatiana caiu. Qual foi o motivo? Ora, aumentando o estoque, aumentará o Ativo Circulante que, por sua vez, fará crescer o Ativo Total. Com o crescimento do Ativo Total sem a correspondência nas vendas, elevar-se-á o denominador, o giro cairá e, consequentemente, cairá a TRI.

Esse tipo de análise pode ser realizado simples e objetivamente, de acordo com a Figura 17.1.

Um exemplo da análise Margem × Giro

Demonstrações Financeiras da Cia. Brilhante, que trabalha com joias em geral.

Em $ milhões

Balanço patrimonial Cia. Brilhante							
ATIVO				PASSIVO			
	31/12/X1	31/12/X2	31/12/X3		31/12/X1	31/12/X2	31/12/X3
Circulante				Circulante			
Disponível	400	450	500	Fornecedores	200	400	500
Duplicatas a receber	500	800	1.400	Empréstimo bancário	900	1.000	1.100
Estoque	600	750	1.100	Outras	100	100	100
Total do Circulante	1.500	2.000	3.000	Total do Circulante	1.200	1.500	1.700
Não Circulante				Não Circulante			
Realizável a longo prazo	300	200	100				
Investimentos	700	800	800	Financiamentos	100	120	1000
Imobilizado	1.500	1.800	2.300				
Intangível	300	400	400				
Total do Não Circulante	2.800	3.200	3.600	Patrimônio Líquido			
				Capital e reservas	3.000	3.580	3.900
Total do Ativo	4.300	5.200	6.600	Total do Passivo + PL	4.300	5.200	6.600

Em $ milhões

Demonstração do Resultado do Exercício Cia. Brillante			
	31/12/X1	31/12/X2	31/12/X3
Receita de vendas líquidas	2.500	3.000	3.300
(–) Custo das Mercadorias Vendidas – CMV	(900)	(1.100)	(1.200)
= Lucro bruto	1.600	1.900	2.100
(–) Despesas operacionais:			
Despesas de vendas	(200)	(300)	(350)
Despesas administrativas	(150)	(180)	(180)
Despesas financeiras	(410)	(500)	(620)
Lucro operacional antes do Imposto de Renda e c. social	840	920	930
Provisão para Imposto Renda e c. social	(300)	(320)	(320)

Taxa de Retorno sobre Investimentos

$$20X1 = \frac{\text{Lucro líquido}}{\text{Ativo Total}} = \frac{540}{4.300} \times 100 = 12,56\%$$

$$20X2 = \frac{\text{Lucro líquido}}{\text{Ativo Total}} = \frac{600}{5.200} \times 100 = 11,54\%$$

$$20X3 = \frac{\text{Lucro líquido}}{\text{Ativo Total}} = \frac{610}{6.600} \times 100 = 9,2\%$$

A rentabilidade da empresa caiu de 12,56% (20X1) para 9,24% (20X3).

20X1 = 12,56%
20X2 = 11,54%
20X3 = 9,24%

Atribuindo o índice 100, ou seja, em uma regra de três, para 20X1, teremos:

20X1 = 100
20X2 = 92
20X3 = 74

Esses indicadores, obtidos na base 100, foram calculados por regra de três:

20X1 a 12,56% está para 100
20X2 a 11,54% está para X

Multiplicando em x

$$X = \frac{11,54\% \times 100}{12,56\%} = 92$$

20X1 a 12,56% está para 100
20X3 a 9,24% está para Y
Multiplicando em x

$$Y = \frac{9,24\% \times 100}{12,56\%} = 74$$

Portanto, a queda da rentabilidade foi de 26% (74 – 100), de 20X1 para 20X3.

Quem está contribuindo mais para a queda da rentabilidade: a margem de lucro ou o giro do ativo?

$$TRI = Margem \times Giro$$

$$TRI = \frac{Lucro\ Líquido}{Vendas} \times \frac{Vendas}{Ativo}$$

Margem	**×**	**Giro**	**= TRI**
TRI X1 = $\frac{540}{2.300} \times 100 = 21,6\%$	×	$\frac{2.500}{4.300} \times 100 = 0,58\%$	= 12,56%
TRI X2 = $\frac{600}{3.000} \times 100 = 20,0\%$	×	$\frac{3.000}{5.200} \times 100 = 0,57\%$	= 11,54%
TRI X3 = $\frac{610}{3.300} \times 100 = 18,48\%$	×	$\frac{3.300}{6.600} \times 100 = 0,50\%$	= 9,24%

Tanto a margem quanto o giro estão motivando a queda da rentabilidade. Vamos comparar essas quedas utilizando a base 100 para detectarmos quem mais contribuiu.

Margem de lucro	**×**	**Giro do Ativo**
20X1 → 21,6% → 100		20X1 → 0,58% → 100
20X2 → 20,0% → 921		20X2 → 0,57% → 983
20X3 → 18,5% → 852		20X3 → 0,50% → 984

Regra de três:

1. 26,6% está para 100
   20,0% está para X

2. 26,6% está para 100
   18,5% está para Y

3. 0,58% está para 100
   0,57% está para W

4. 0,58% está para 100
   0,50% está para Z

Tanto a margem de lucro quanto o giro apresentam uma queda (significativa) em torno de 15% (85 ou 86 − 100).

Vamos, agora, detalhar a margem e o giro para que possamos averiguar qual item mais colaborou para a redução da rentabilidade (Figura 17.3).

Análise do quadro de análise Margem × Giro

A primeira coluna (a), Giro × Margem, já analisamos, chegando à conclusão de que ambos contribuíram para a queda da rentabilidade.

Na segunda coluna (b), observamos que as vendas cresceram em 32%, de 20X1 para 20X3. O lucro líquido não acompanhou o crescimento das vendas, atingindo, apenas, um crescimento de 13%. O que mais preocupa, todavia, é que o Ativo da empresa cresceu em 53%, percentual bem superior ao das vendas, o que significa que o crescimento das vendas não acompanhou o volume dos investimentos.

Vamos observar, agora, qual grupo do Ativo mais contribuiu para o seu crescimento e qual o comportamento do custo total em relação às vendas.

Na terceira coluna (c), notamos um crescimento brusco do Ativo Circulante (100%). O crescimento do Ativo Não Circulante foi inferior ao das vendas, portanto, não requer outros estudos. Se desejássemos prolongar a análise do Ativo Não Circulante, dividiríamos em três outros retângulos a quarta coluna realizável a longo prazo, investimentos, imobilizados e intangível. O comportamento dos custos totais, como um todo, foi de crescimento um pouco mais proporcional que o das vendas. Na próxima coluna, serão analisadas as razões desse crescimento do custo e do salto brusco do Ativo Circulante.

Constatamos, na quarta coluna (d), que certos itens em nada influíram no aumento do Ativo e no custo; portanto, não contribuíram para a queda da rentabilidade. São eles:

- Disponível: O seu acréscimo, em três anos, foi de 25%, em uma proporção inferior ao crescimento das vendas.
- CMV (Custo da Mercadoria Vendida): Aumentou na mesma proporção das vendas. Se tivéssemos uma indústria, não haveria necessidade de nos preocuparmos com matéria-prima, mão de obra direta e custos indiretos de

Cap. 17 • DECISÕES REFERENTES À RENTABILIDADE 167

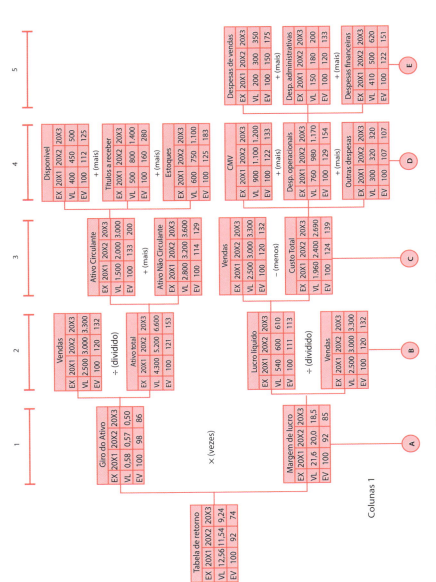

Figura 17.3 Quadro da análise Margem × Giro.

fabricação. Não precisamos, portanto, no momento, demitir pessoal da produção, controlar mais rigidamente os custos indiretos de fabricação (CIF) ou estar atentos em relação aos preços da matéria-prima. Há outros itens que requerem uma atenção imediata.

- Outras despesas: Analisamos a provisão para Imposto de Renda. Evidentemente, tais despesas não são responsáveis pela queda da rentabilidade.

Observamos que os itens que mais cresceram e, consequentemente, contribuíram para a queda da rentabilidade foram:

- Duplicatas a receber: Aumentou de forma desmesurada, desproporcional. Uma das razões possíveis é a dilatação do prazo de financiamento das vendas na expectativa de vender mais.
- Estoques: Também cresceu de forma desproporcional. Notamos que uma política de estocagem em proporção maior que o escoamento (volume de vendas) pode contribuir para a queda da TRI: aumenta o Ativo, diminui o giro.
- Despesas operacionais: Cresceram mais que as vendas. As despesas operacionais que mais contribuíram serão analisadas na coluna cinco.

Na última coluna (e), concluímos que as despesas administrativas não influenciaram na redução da rentabilidade, uma vez que cresceram proporcionalmente às vendas.

Todavia, as despesas de vendas cresceram 75%. Uma possibilidade é o incremento publicitário, com o objetivo de ampliar as vendas.

Aliás, um ângulo da análise que nos ocorre é exatamente este: a empresa, no afã de incrementar as suas vendas, dilata o prazo de financiamento das vendas (por isso aumenta duplicatas a receber), amplia o seu estoque e intensifica a propaganda (despesa de vendas).

Como consequência desse raciocínio, podemos deduzir que a empresa recorre demasiadamente a capital de terceiros – empréstimos e financiamentos –, aumentando, assim, as despesas financeiras. Note que é necessário que a empresa alimente o seu giro, uma vez que há muito estoque e o recebimento de duplicatas tornou-se lento.

Ao contrário do que ocorre com muitas empresas, não foram os investimentos em Ativo Fixo que provocaram a queda da rentabilidade. Também não adiantariam, neste caso, demissões de funcionários, sejam elas na área de produção ou administrativa.

Assim, parece-nos que a empresa está com seu mercado saturado, não tendo dado resultado todos os seus esforços de vendas. O ideal talvez fosse voltar ao nível de vendas de 20X1, reduzindo a propaganda, o estoque e as duplicatas a receber àquele nível.

Cap. 17 • DECISÕES REFERENTES À RENTABILIDADE 169

EXERCÍCIOS

1. Podemos dizer que a rentabilidade é a meta do capitalista (investidor)? Por quê?
2. A TRI significa "Taxa de Retorno sobre Investimento". O que esse investimento quer dizer e qual sua relação com o subgrupo "investimentos", do Ativo Não Circulante?
3. Das empresas abaixo, qual, na sua opinião, é a melhor?

	Empresa A	Empresa B	Empresa C
Vendas	$5.000.000	$ 1.000.000	$ 500.000
Ativo	$ 5.000.000	$ 500.000	$ 400.000
Lucro	$ 200.000	$ 50.000	$ 40.000

4. Quais os elementos que podem contribuir para a análise da rentabilidade?
5. Existe alguma analogia entre produtividade e giro do Ativo? Explique o giro do Ativo.
6. A Cia. Exemplo teve uma rentabilidade de 20% em X1. Qual o *payback* (prazo de retorno) estimado do investimento total?
7. Das empresas a seguir, qual teve o melhor desempenho? Qual ganha na margem? E no giro?

Em R$ mil

Balanço Patrimonial Cia. A			
Ativo		**Passivo**	
Capital Circulante	500	Capital terceiros	450
Capital Não Circulante	100	Capital próprio	550
Capital Fixo	400		
Total	1.000	Total	1.000

Em R$ mil

DRE Cia. A	
Vendas	500
(–) Custos	(200)
Lucro bruto	300
Despesas operacionais	(150)
Lucro líquido	150

Balanço Patrimonial Cia. B			
Ativo		**Passivo**	
Capital Circulante	400	Capital de terceiros	400
Capital Não Circulante	100	Capital próprio	400
Capital Fixo	300		
Total	800	Total	800

DRE Cia. B	
Vendas	1.600
(–) Custos	(1.000)
Lucro bruto	600
Despesas operacionais	(480)
Lucro líquido	120

8. A rentabilidade, calculada com base no lucro operacional, precisa ser comparada com o Ativo Operacional. Explique essa afirmação.

9. Comente sobre o modelo DuPont.

10. As TRI da Cia. Exemplo, nos últimos Exercícios, foram as seguintes:

	X0	X1	X2
TRI	5%	6%	7%

Faça um comentário da situação econômica da Cia. Exemplo e conceitue a rentabilidade, com base na mediana de 10% (fictício).

18 Análise dos Fluxos de Caixa

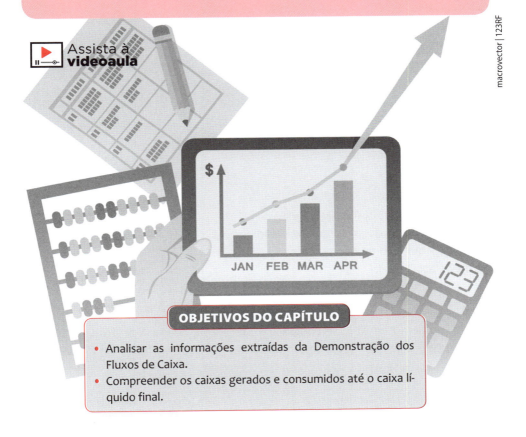

OBJETIVOS DO CAPÍTULO

- Analisar as informações extraídas da Demonstração dos Fluxos de Caixa.
- Compreender os caixas gerados e consumidos até o caixa líquido final.

Aqui faremos uma análise bem simplificada dos fluxos de caixa, propondo, inicialmente, uma nova disposição desses fluxos para um melhor entendimento.

Modelo de fluxos de caixa para facilitar a análise:

→ Receitas recebidas
→ (–) Caixa despendido na produção

Item A: Caixa bruto obtido nas operações

→ (–) Despesas operacionais pagas
→ Vendas

→ Administrativas

→ Despesas antecipadas

Item B: Caixa gerado nos negócios

→ Não operacionais:

→ (+) Outras receitas (diversas) recebidas

→ (–) Outras despesas pagas

Item C: Caixa líquido após os fatos não operacionais

→ (+) Receitas financeiras recebidas

→ (–) Despesas financeiras pagas

→ (–) Dividendos pagos

Item D: Caixa líquido após operações financeiras

→ (–) Amortização de empréstimos

Item E: Caixa após amortização de empréstimos

→ (+) Novos financiamentos ou empréstimos

→ Curto prazo

→ Longo prazo

→ (+) Aumento de capital em dinheiro

→ (+) Outras entradas de dinheiro

Item F: Caixa após novas fontes de recursos

→ (–) Aquisição de permanente

Item G: Caixa líquido final

18.1 Caixa bruto obtido nas operações (item A do modelo)

No momento em que se compara o percentual do caixa bruto dividido pela receita recebida em dois períodos, importantes conclusões podem ser tiradas.

Admita-se a seguinte situação da Cia. Exemplo:

I	Receita recebida	10.000	20.000
II	(–) Caixa despendido na produção	(6.000)	(13.000)
III	Caixa bruto	4.000	7.000
	% (III / I)	40%	35%

Isso significa que, para cada real recebido, há um maior desembolso de caixa com a produção (ou custo pago).

Admitindo-se que a Contabilidade indicou, na DRE (fluxo econômico), uma mesma margem bruta de lucro, podemos entender que o crescimento das vendas provocou um desequilíbrio no caixa da empresa (cronograma financeiro), cujo incremento de contas a receber ou estoque consumiu substancialmente a geração interna do caixa.

O importante é avaliar se a empresa conseguirá cobrir todos os outros compromissos ou, caso contrário, como está buscando recursos para incrementar sua insuficiência de caixa.

18.2 Caixa gerado no negócio (item B do modelo)

Este caixa, gerado no ciclo operacional da empresa, é de vital importância.

Considerando apenas o seu negócio principal (objeto social), a empresa poderá pagar juros (item D), amortizar dívidas (item E) e realizar novos investimentos (itens F e G)?

Repare que, nesse item, não foram subtraídas as depreciações (tanto custo como despesa), pois não representam saída do caixa; portanto, esperam-se parcelas mais relevantes que um fluxo econômico.

Absurdamente, se esse item fosse negativo, salvo em situações excepcionais (de fácil explicação), não haveria motivação para a continuidade da empresa.

Nessa situação, a empresa teria que buscar, em primeiro plano, nas receitas extraordinárias (não operacionais), saída de curto prazo: vendas de ações, imobilizado, negociações forçadas de estoque etc. Isso evidenciaria índices de liquidação da empresa, ou seja, pré-falência.

Em um segundo plano, buscaria novos aportes de capital (pouco provável, pois ninguém estaria motivado para investir na empresa nessa situação) ou novos financiamentos (também pouco provável, pela precariedade financeira da empresa), que só iriam piorar, considerando novos desembolsos de despesas financeiras, o item D no fluxo de caixa.

Portanto, a hipótese de caixa negativo, neste item, é praticamente descartada, sendo normais, diante de uma boa administração, valores crescentes em termos reais.

18.3 Caixa líquido após os fatos não operacionais (item C do modelo)

Neste item, considera-se que fatos extraordinários, como venda de Ativo Fixo (com lucro/prejuízo), ganhos e perdas em geral e outras situações, ainda que repetitivas, nada têm a ver com a atividade da empresa: dividendos recebidos, aluguéis recebidos etc.

Não estamos incluindo, neste item, os juros, dividendos pagos, *leasing* etc., que entram no item seguinte.

Este item pode ter o incremento de dividendos recebidos de outras empresas. Isso significa, porém, que, em anos anteriores, houve desembolso na compra de ações de outras companhias (itens F/G). Uma correlação entre investimentos e dividendos seria aconselhável.

Fora isso, normalmente, não se esperam grandes mudanças em relação ao item anterior.

18.4 Caixa líquido após operações financeiras (item D do modelo)

Neste item, observamos se a empresa tem coberto os custos financeiros (juros) com os recursos gerados após suas operações, mais as receitas financeiras obtidas no período.

O ideal seria que a empresa pudesse cobrir os custos financeiros apenas com o item B, isto é, o "caixa gerado no negócio" (ou seja, com as operações normais, com as atividades operacionais da empresa).

Uma vez que o caixa gerado pelas atividades não operacionais não é frequente, habitual, seria temeroso contar com tais recursos para cobertura dos juros.

Como regra geral, uma empresa solvente teria que ter caixa disponível após o pagamento de juros para poder pagar o principal (o empréstimo vencendo).

É lógico que, se a empresa não cobrir as despesas financeiras, pode estar a caminho da insolvência, pois terá que fazer novos empréstimos (o que ocasionará novas despesas financeiras) simplesmente para pagar juros.

Portanto, o item D deverá ser positivo, exceto quando uma empresa vive um período de rápido crescimento, com acréscimos substanciais de contas a receber e estoques. Ressalta-se que isso poderia acontecer em um curto período.

Observe-se que, neste item, incluem-se não somente o pagamento de juros que remunera o capital de terceiros, mas também os dividendos que remuneram o capital próprio (Patrimônio Líquido).

18.5 Caixa após amortização dos empréstimos (item E do modelo)

O ideal seria que a empresa, diante de um bom planejamento, cobrisse o pagamento dos seus empréstimos, e ainda sobrassem recursos para novos investimentos.

Todavia, se o item D for positivo, e o item E, negativo, isso significa que a empresa dispunha de recursos para pagar parte dos financiamentos antigos; resta o consolo de que uma parte do financiamento foi liquidada com recursos gerados na própria empresa.

Se a empresa gerou caixa para pagar percentuais, pelo menos acima de 50% da dívida vencida, a situação não é tão dramática.

Seria uma situação caótica e com indícios de insolvência se a empresa tivesse o item D negativo, evidenciando-se que não consegue pagar seus juros, quanto mais a dívida principal.

18.6 Caixa após novas fontes de recursos (item F do modelo)

O ideal seria que o item E fosse positivo, pois, assim, as novas fontes de recursos seriam voltadas para novos investimentos, acréscimo de capital de giro, ampliação etc.

Cap. 18 • ANÁLISE DOS FLUXOS DE CAIXA **175**

Ainda que o item E seja negativo, olhando para os fluxos de caixa anteriores, podemos detectar que foram realizados grandes investimentos, cujo fluxo de caixa esperado será de longo prazo. Consequentemente, recorre-se a fontes de financiamentos para, no presente, atender às necessidades da empresa.

Não há dúvida de que a melhor fonte é o capital próprio, já que a remuneração desse recurso será dividendo e este ocorre apenas quando a empresa tem lucro e dispõe de situação financeira favorável para pagar (pela Lei das S.A., a empresa poderá postergar pagamentos de dividendos quando sua situação financeira for precária).

Cabe analisar a capacidade de aquisição, por parte da empresa, de recursos a longo prazo, normalmente menos onerosos, para financiar as insuficiências de caixa e, sobretudo, as novas aquisições do Ativo Fixo.

É interessante que a empresa tenha gerado internamente alguns recursos (caixa) para pagamentos de novos imobilizados (pelo menos em valor igual ao da depreciação no fluxo econômico), não dependendo totalmente de financiamentos. Nesse caso, o caixa gerado após amortização de empréstimos (item E) deveria ser positivo.

18.7 Caixa líquido final (item G do modelo)

Este item deve coincidir com o valor do disponível no Ativo Circulante.

Com essa análise superficial, detectamos em que circunstância há saldo disponível.

EXERCÍCIOS

1. Podemos dizer que o fluxo de caixa é um instrumento financeiro ou econômico? Por quê?
2. O que é entrada de caixa operacional?
3. Analise a DRE e a DFC, explicando se a empresa teve um equilíbrio ou desequilíbrio financeiro no período.

P1		
DRE (econômico)		
	X0	X1
Receita	200	400
(–) Custos	100	250
(=) Lucro bruto	100	150

P1		
DFC (financeiro)		
	X0	X1
Receita recebida	150	300
(–) Caixa despendido na produção	100	250
(=) Caixa bruto	100	150

4. Cite três itens não operacionais que aumentam o saldo de caixa.

5. Se o saldo de caixa gerado no negócio for negativo em um determinado mês, pode indicar que a empresa vai mal? Justifique.

6. Por que as depreciações do imobilizado não entram na DFC?

7. A Cia. Exemplo S.A. recebeu, em X1, o equivalente a $ 1.000 (mil) de suas vendas. Os custos de produção pagos no período foram da ordem de 60% das vendas recebidas, além disso, houve pagamentos das despesas: as administrativas no valor de $ 100 (mil), com vendas em $ 80 (mil), as financeiras em $ 30 (mil). Também foi adquirida uma máquina no valor de $ 25 (mil), paga no período. Doravante, como a empresa não dispunha de saldos anteriores de caixa, a empresa precisou fazer um financiamento de $ 100 (mil) para não ficar em uma situação financeira apertada. Faça a DFC, conforme modelo do texto, indique o saldo de caixa líquido final e analise quanto cada item representa da receita recebida.

8. Além da DFC, cite outros relatórios que contribuem para a análise financeira da empresa.

9. Comente sobre o caixa líquido após as operações financeiras e analise os eventuais riscos que podem surgir se esse saldo permanecer negativo por alguns períodos.

10. Fale sobre a importância do saldo positivo do caixa gerado nos negócios.

19 Análise da Demonstração do Valor Adicionado (DVA)

Assista à **videoaula**

OBJETIVOS DO CAPÍTULO

- Discorrer sobre a análise de Demonstração do Valor Adicionado.
- Compreender sua análise.
- Conhecer os indicadores que podem ser extraídos da DVA.

Por meio de um exemplo prático, será explicada a análise da Demonstração do Valor Adicionado (DVA).

Imagine, por exemplo, a prefeitura de uma cidade ter que tomar a decisão de receber ou não determinada empresa em seu Município. A pergunta correta seria: quanto a determinada empresa vai agregar em renda para a região?

Em função dessa empresa, o orçamento do Município será acrescido, pois terá que investir em infraestrutura e em sua manutenção em função de uma nova demanda.

Admita-se que a prefeitura terá gastos adicionais anuais na área de ensino, saúde, segurança, ambiente (despoluição de rio e outros), no total de $ 250, tudo em decorrência da instalação da nova empresa.

Para melhor análise, a prefeitura solicita uma Demonstração do Valor Adicionado da empresa, que mostra o seguinte:

Vendas	Ano 1	%	Ano 2	%
(–) Compras de Bens/ Serviços	5.000	–	5.000	–
Valor Adicionado	(2.500)	–	(2.000)	–
	2.500	100%	3.000	100%
Distribuição Valor Adicionado				
Salários				
Pessoal de Fábrica	500	20%	510	17%
Pessoal Administrativo	400	16%	480	16%
		36%		33%
Diretoria/Acionistas				
Pró-labore (honorários Dir.)	800	32%	1.050	35%
Dividendos	250	10%	360	12%
		42%		47%
Juros	150	6%	90	3%
Impostos				
Municipal	25	1%	30	1%
Estadual	50	2%	60	2%
Federal	75	3%	90	3%
		6%		6%
Reinvestimento	200	8%	270	9%
Outros	50	2%	60	2%

Na Demonstração do Valor Adicionado, observa-se que o item *impostos* permanece inalterado, o que propicia melhor análise para a prefeitura. Todavia, o valor do imposto recolhido ao Município é muito baixo.

Admitindo-se que os diretores/acionistas não morarão na cidade e que os juros não se reverterão em favor do Município, o que se agregará ao fluxo de renda do Município será o item *salário*.

Com esses dados, caberia analisar se o pequeno imposto para o Município e o acréscimo no fluxo de renda em salário de pessoas que residirão na região (gerando mais negócios, mais arrecadação) compensarão o acréscimo no orçamento, e o benefício da vinda da empresa seria viável.

Imagine ainda o presidente do sindicato analisando a "distribuição do bolo" que aumentou em 20% do ano 1 para o ano 2. Certamente, ele não ficaria calado

Cap. 19 • ANÁLISE DA DEMONSTRAÇÃO DO VALOR ADICIONADO (DVA) 179

diante de uma redução da fatia do bolo para seus afiliados (salário de fábrica caiu de 20% para 17%). Poderia ficar irritado ao ver que a fatia do bolo aumentou consideravelmente para os diretores/acionistas. Seria um bom motivo para uma greve?

19.1 Exemplo de DVA

Demonstração do valor adicionado Casa das Lingeries Ltda.		
		Análise vertical
Receita operacional	800.000	
(–) Custo da Mercadoria Vendida (Compas)	(650.000)	
Valor adicionado bruto gerado nas operações	150.000	
(–) Depreciação	(10.000)	
Valor adicionado líquido	140.000	
(+) Receita financeira	10.000	
Valor Adicionado	150.000	100%
Distribuição do valor adicionado	(90.000)	60%
Empregados	(30.000)	20%
Juros	(14.000)	9,33%
Dividendos	(6.000)	4%
Impostos	–	0%
Outros	(10.000)	6,67%
Lucro reinvestido		

A seguir, faremos a análise da DVA apresentada.

19.1.1 *Índices em que o valor adicionado (ou agregado) aparece no numerador*

Potencial do Ativo em gerar riqueza

$$\frac{\text{Valor adicionado}}{\text{Ativo}}$$

O Ativo, financiado por capital próprio e capital de terceiros, é que gera receita, a qual, por sua vez, gera riqueza para a empresa.

No Capítulo 17, Decisões referentes à rentabilidade, estudamos a Taxa de Retorno sobre Investimento (TRI), em que analisamos o poder de ganho da empresa. Em um extremo, poderíamos ter uma empresa com uma taxa de retorno não tão atraente, mas com potencial significativo em gerar riqueza.

Nesse caso, o administrador poderia argumentar que, se o retorno econômico não foi tão especial, o resultado social superou a expectativa (remuneração do quadro de funcionários, diretores, pagamento de impostos, acionistas etc. são relevantes em relação ao mercado).

Esse índice mede quanto cada real investido no Ativo gera riqueza (valor adicionado), a ser transferido para vários setores que se relacionam com a empresa.

Na empresa Casa das Lingeries, temos o seguinte indicador:

$$\frac{150.000}{830.000} = 0,18$$

O ideal é que esse índice cresça ao longo dos anos.

Retenção da receita

$$\frac{\text{Valor agregado}}{\text{Receita total}}$$

Da receita total, parte é comprometida com terceiros (matéria-prima, embalagem, serviços...), ou seja, transferida para outras empresas que não agregam valor para a empresa em análise.

Esse percentual mostra quanto fica na empresa, acrescentando valor ou benefício para funcionários, acionistas, governo, financiadores e lucro retido.

Nesse caso, uma análise horizontal (vários anos ou períodos) mostra a tendência da empresa em aumentar ou diminuir a receita que fica lá.

Na empresa Casa das Lingeries:

$$\frac{150.000}{800.000} = 0,19$$

Valor adicionado *per capita*

$$\frac{\text{Valor adicionado}}{\text{N}^{\underline{\text{o}}}\text{ de funcionários (média)}}$$

É uma forma de avaliar quanto cada empregado contribui para a formação da riqueza da empresa.

De certa forma, é um indicador de produtividade que informa a participação de cada empregado na riqueza gerada na organização.

Na Empresa Casa das Lingeries Ltda., imaginando 10 funcionários:

$$\frac{150.000}{10} = \$\ 15.000 \text{ por funcionário}$$

19.2 Índices em que o valor adicionado é destacado no denominador

Esses índices são relacionados à distribuição da riqueza gerada na organização. A seguir, apresentamos alguns indicadores:

$$\frac{\text{Empregados}}{\text{Valor adicionado}} = \frac{90.000}{150.000} \times 100 = 60\%$$

$$\frac{\text{Juros}}{\text{Valor adicionado}} = \frac{30.000}{150.000} \times 100 = 20\%$$

$$\frac{\text{Dividendos}}{\text{Valor adicionado}} = \frac{14.000}{150.000} \times 100 = 9,33\%$$

$$\frac{\text{Impostos}}{\text{Valor adicionado}} = \frac{6.000}{150.000} \times 100 = 4\%$$

Em uma análise horizontal (sequência de períodos), esses índices são relevantes para analisar a tendência de distribuição da riqueza. Admita o quadro a seguir:

Distribuição	20X3	20X4	20X5
Empregados	52%	57%	60%
Juros	26%	23%	20%
Dividendos	11%	10%	9,33%
Impostos	4%	4%	4%
Lucro reinvestido	7%	6%	6,67%
Total	100%	100%	100%

Enquanto observamos uma estabilidade em relação a impostos e lucro reinvestido, percebemos que a "fatia" dos empregados tem aumentado no bolo, principalmente em função da redução dos juros.

Os acionistas tiveram também sua participação reduzida no que tange aos dividendos.

EXERCÍCIOS

1. Por que é tão importante analisarmos a Demonstração do Valor Adicionado (DVA) por meio da análise horizontal?
2. Podemos ter uma empresa com TRI com pequeno poder de ganho e alto potencial de gerar riqueza? Explique.

3. Analise a afirmativa: "O valor adicionado *per capita* é um indicador de produtividade".

4. Neste capítulo, apresentamos a Demonstração do Valor Adicionado da Casa de Lingeries. À qual conclusão você chegaria analisando essa demonstração?

5. A distribuição do valor adicionado pela empresa será da seguinte forma:

a) Juros, impostos, clientes, acionistas, fornecedores.

b) Impostos, bancos, empregados, juros, acionistas.

c) Reinvestimentos, financiamentos, clientes, juros, acionistas.

d) Reinvestimentos, acionistas, juros, impostos, salários.

e) N.D.A.

6. Uma forma de medir o quanto cada funcionário participa na formação da riqueza gerada na empresa é:

a) Retenção da receita.

b) Potencial do Ativo em gerar riqueza.

c) Valor adicionado *per capita*.

d) N.D.A.

7. Uma forma de analisarmos quanto o Ativo gera de receita é:

a) Retenção da receita.

b) Potencial do Ativo em gerar riqueza.

c) Valor adicionado *per capita*.

d) N.D.A.

8. Qual dos índices a seguir está relacionado com a distribuição de riqueza?

a) $\dfrac{\text{Valor adicionado}}{\text{Nº de funcionários}}$

b) $\dfrac{\text{Valor agregado}}{\text{Receita total}}$

c) $\dfrac{\text{Impostos}}{\text{Valor adicionado}}$

d) N.D.A.

9. A Cia. Alta vai se instalar em um Município em Goiás. Comente se é um bom negócio para o Município receber a empresa.

Cap. 19 • ANÁLISE DA DEMONSTRAÇÃO DO VALOR ADICIONADO (DVA) — 183

Balanço social (Relatório da Administração)		
	20X5	20X6
Vendas	160	230
(–) Compras de bens/serviços	(60)	(80)
Valor adicionado	*100*	*150*
Destino		
Salário	15	15
Pró-labore (diretores)	15	30
Dividendos (acionistas)	34	51
Juros (bancos)	10	15
Impostos (governo)	12	18
Lucro reaplicado	14	21
Os gastos previstos pela prefeitura em função dessa empresa serão de $ 18 anuais (despoluição de rio, segurança, hospital, escola, manutenção diversas etc.). O Município oferece suspensão dos impostos municipais por 10 anos.		

10. Empresa Alemã × Empresa Francesa.

Faça uma análise, a seguir, comparando as DVAs de uma empresa alemã e de uma francesa.

Demostração de Valor Adicionado *Cia. Alemã*		
Distribuição de Valor Adicionado	Em milhões de euros	%
Valor adicionado líquido	6.336	100,00
Transferências:		
Para os empregados		
Salários, programas de assistência médica e social, fundos de pensão etc.	5.025	79,3
Para o governo		
Impostos e contribuições	921	14,5
Para a companhia		
Formação de reservas e lucros acumulados	225	3,6
Para o mercado financeiro		
Juros	122	1,9
Para os acionistas		
Dividendos	43	0,7

Demonstração de Valor Adicionado Cia. Francesa		
Distribuição de Valor Adicionado	Em milhões de euros	%
Valor adicionado líquido	6.336	100,00
Transferências:		
Para os empregados		
Salários, programas de assistência médica e social, fundos de pensão etc.	2.185	34,49
Para o governo		
Impostos e contribuições	1.250	19,73
Para a companhia		
Formação de reservas e lucros acumulados	336	5,30
Para o mercado financeiro		
Juros	540	8,52
Para os acionistas		
Dividendos	2.025	31,96

20 Situação Financeira × Situação Econômica

OBJETIVOS DO CAPÍTULO

- Estudar a situação financeira e a situação econômica.
- Comparar o lucro e a rentabilidade obtidos tanto pela empresa como pelo empresário.

20.1 Lucro da empresa × lucro do empresário

A estrutura conceitual básica da Contabilidade diz que a informação de natureza econômica deve ser sempre entendida dentro da visão que a Contabilidade tem do que seja econômico, e não, necessariamente, na perspectiva que a Economia daria ao mesmo fenômeno; em largos traços, podemos afirmar que os fluxos de receitas e despesas (Demonstração do Resultado do Exercício – DRE), bem como o capital e o patrimônio, em geral, são dimensões econômicas da Contabilidade, ao passo que os fluxos de caixa, o capital de giro, por exemplo, caracterizam a dimensão financeira. Assim, a Demonstração dos Fluxos de Caixa é um grande indicador de aspectos financeiros de uma empresa.

Dessa forma, sempre quando analisamos os lucros obtidos na DRE, estamos tratando com lucro econômico. Basta pensar, por exemplo, que esses lucros são reduzidos por despesas com depreciações, parcelas estas que não afetam o caixa, isto é, a situação financeira.

O lucro líquido, que é a última apuração de resultado econômico, é considerado o melhor indicador de desempenho da empresa (poderia ser o lucro operacional ou outros lucros também).

Por outro lado, todo o investimento feito pela empresa está no Ativo. Assim, para apurar a rentabilidade da empresa, basta dividir o lucro líquido pelo Ativo Total, que denominamos, no Capítulo 17, de Taxa de Retorno sobre Investimentos (TRI).

Entretanto, para analisarmos a rentabilidade do empresário, comparamos o lucro líquido com o montante investido pelos proprietários, que é o total do Patrimônio Líquido. Assim, a simples divisão do lucro líquido pelo Patrimônio Líquido nos informa a Taxa de Retorno do Patrimônio Líquido (TRPL).

Dessa forma:

$$\text{TRI (rentabilidade da empresa)} = \frac{\text{Lucro líquido}}{\text{Ativo}}$$

$$\text{TRPL (rentabilidade dos proprietários)} = \frac{\text{Lucro líquido}}{\text{Patrimônio Líquido}}$$

20.1.1 *Exemplo de rentabilidade: empresa × empresário*

Admita-se que a Cia. Lucro Certo tenha um lucro líquido de \$ 185.162. Para obtenção desse lucro, a empresa investiu no Ativo \$ 925.744. Vamos calcular o poder de ganho da empresa:

$$\text{TRI} = \frac{\text{Lucro líquido}}{\text{Ativo}} \text{ ou } \frac{185.162}{925.744} = 0,20 \rightarrow 20\%$$

Poder de ganho da empresa: para cada \$ 1,00 investido no Ativo, há um ganho anual de \$ 0,20.

$$\textit{Payback} \text{ (tempo de retorno)} = \frac{1,00}{0,20} = \frac{100\%}{20\%} = 5 \text{ anos}$$

Isto é, em média, demoraria 5 anos para a empresa recuperar seu investimento no Ativo em forma de lucro líquido.

Vejamos agora a rentabilidade do empresário, considerando os mesmos dados e ampliando-os:

Ativo		Passivo	
		Capital de terceiros	185.000
		Patrimônio Líquido	740.744
Total	925.744	Total	925.744

DRE	
Lucro líquido	185.162

$$\text{Taxa de Retorno do PL} = \frac{\text{Lucro líquido}}{\text{Patrimônio Líquido}} = \frac{185.162}{740.744} \times 100 = 25\%$$

Para cada $ 1,00 investido pelos proprietários, há um retorno de $ 0,25.

$$Payback = \frac{1,00}{0,25} = 4 \text{ anos}$$

Ampliando ainda mais os dados da Cia. Lucro Certo:

Ativo		Passivo	
Circulante	220.000	Capital de terceiros	185.000
Não Circulante	705.744	Patrimônio Líquido	740.744
Total	925.744	Total	925.744

Admita que o gerente do Banco "X" oferece um crédito de $ 700.000 por um ano, renovável.

O contador faz diversas simulações. Admitindo que a empresa aceite os $ 700.000 emprestados do Banco "X", ele pressupõe todas as alternativas de usar os recursos emprestados, tanto no Ativo Circulante como no Ativo Fixo: a melhor é um acréscimo no lucro de $ 50.000, caso se apliquem $ 400.000 no Circulante e $ 300.000 no Ativo Fixo.

Partindo do pressuposto de que a empresa distribui todo o lucro em forma de dividendos, você concordaria em aceitar o seguinte empréstimo:

Ativo	Antes	+	Depois	Passivo	Antes	+	Depois
Circulante	220	400	620	Capital de terceiros	185	700	885
Não Circulante	705	300	1.005	Patrimônio Líquido	740	-	740
Total	925	700	1.625	Total	925	700	1.625

CONTABILIDADE PARA EXECUTIVOS | Marion • Cardoso • Rios

Se você fosse o administrador?

Administrador	Fórmula	Antes do empréstimo	Depois do empréstimo	Resultado
Liquidez	$\dfrac{AC}{PC}$	$\dfrac{220}{185}=1{,}19$	$\dfrac{620}{885}=0{,}70$	Piorou sensivelmente
Endividamento	$\dfrac{CT}{Passivo}$	$\dfrac{185}{925}\times100=20\%$	$\dfrac{885}{1.625}\times100=54\%$	Piorou
Rentabilidade	$\dfrac{Lucro\ líquido}{Ativo}$	$\dfrac{185}{925}\times100=20\%$ *Payback* 5 anos	$\dfrac{185+50}{1.625}\times100=14\%$ *Payback* 7,14 anos	Piorou

CT = Capital de terceiros

Se você fosse o dono?

Empresário	Fórmula	Antes do empréstimo	Depois do empréstimo	Resultado
Rentabilidade	$\dfrac{Lucro\ líquido}{Patrimônio\ Líquido}$	$\dfrac{185}{740}\times100=25\%$ *Payback* 4 anos	$\dfrac{185+50}{740}\times100=32\%$ *Payback* 3 anos	Melhorou

Veja que, nesse caso, para o proprietário, a aquisição do empréstimo é um bom negócio, pois aumenta a rentabilidade de 25% para 32%, reduzindo o *payback* em 1 ano.

Porém, do ponto de vista do administrador, a liquidez cai, cresce o endividamento e aumenta o *payback* da empresa em mais de 2 anos. Parece-nos que esse empréstimo faria o proprietário mais rico e a empresa mais pobre. Assim, do ponto de vista gerencial, não seria interessante aceitá-lo.

20.2 Aspectos econômicos × financeiros

Vamos partir do balanço patrimonial de duas empresas distintas, porém, em um mesmo ramo de atividade (indústria ou comércio).

Empresa A

Balanço patrimonial			
Ativo		**Passivo**	
Circulante	900	Circulante	700
Não Circulante	50	Patrimônio Líquido	250
Total	950	Total	950

Empresa B

Balanço patrimonial			
Ativo		Passivo	
Circulante	600	Circulante	800
Não Circulante	1.900	Patrimônio Líquido	1.700
Total	2.500	Total	2.500

20.2.1 *Análise*

Situação financeira

A Empresa A, salvo outras considerações, tem condições de pagar seus compromissos (AC > PC).

A Empresa B, entretanto, pelos dados disponíveis, demonstra incapacidade de solver seus compromissos (AC < PC).

Dessa forma, conclui-se que a primeira tem uma situação financeira favorável e a segunda, desfavorável.

Claro que outras variáveis poderiam contribuir para se detectar a situação financeira de uma empresa. Todavia, basicamente, a liquidez corrente (Ativo Circulante/ Passivo Circulante) é o principal indicador.

Situação econômica

Uma das formas, com dados contábeis, de identificar a situação econômica é comparar o capital próprio com o capital de terceiros.

A Empresa A é uma firma com pouco capital próprio. Não houve investimento satisfatório por parte dos sócios e/ou não houve lucros retidos, consideráveis. Dessa forma, temos uma empresa vulnerável a qualquer crise: está muito endividada; não investiu no Ativo Fixo; está muito dependente de capital de terceiros. Sua situação econômica é desfavorável, embora a financeira seja positiva.

A Empresa B, por sua vez, é uma empresa bem alicerçada, sólida. É mais resistente às crises. Os recursos a serem pagos (capital de terceiros exigível) representam montantes menores que a parcela que não será devolvida (capital próprio – Patrimônio Líquido (não exigível)). A situação econômica dessa empresa é favorável, embora a sua situação financeira não seja. Os bens do Ativo Não Circulante são representativos em valor.

Análise de outro ângulo

Uma situação financeira favorável com uma situação econômica desfavorável assemelha-se a uma pessoa física que recebe alto salário, tem poder de pagamento, faz viagens, festas, recepções de elevado nível, frequenta os melhores restaurantes etc. Todavia, se perder o emprego, sua situação será drástica, pois não possui estrutura nenhuma, nem há bens, por isso, economicamente, sua situação está desequilibrada.

A Empresa B assemelha-se a uma pessoa física que tem muitos bens, muitos imóveis, mas não tem dinheiro para pagar a conta do armazém.

Não há dúvida de que, em um revés da economia, a Empresa B está mais bem preparada para suportar períodos maiores de escassez.

A situação econômica da Empresa A pode ser melhorada com "bons" lucros (admitindo-se que os sócios não estejam dispostos a fazer grandes investimentos).

Bons lucros significam lucros retidos que aumentam o Patrimônio Líquido em proporção maior que o capital de terceiros.

A situação financeira da Empresa B pode ser melhorada com a redução dos investimentos no Ativo Não Circulante e maior concentração no Circulante, uma vez que a empresa tem bons acréscimos no Patrimônio Líquido.

EXERCÍCIOS

1. A situação econômica em Contabilidade tem o mesmo tratamento que na Ciência Econômica?
2. Como se caracteriza a situação financeira?
3. A depreciação não afeta a situação financeira. Dessa forma, podemos dizer que a depreciação é o reconhecimento da despesa no esforço para gerar receita (vendas). Contudo, a depreciação diminui o Ativo das empresas e, de alguma forma, teve ou terá impacto financeiro. Explique como e justifique.
4. Qual a analogia que podemos fazer entre a situação financeira e a situação econômica, com os regimes de Contabilidade (caixa e competência)?
5. A empresa Holandesa S.A. fez algumas transações contábeis, sendo (dados em milhares):
   - Compra de uma máquina por $ 100, designando 50% à vista e 50% a prazo.
   - Comprou matéria-prima no valor de $ 50, totalmente a prazo.
   - Tomou emprestada a quantia de $ 60 em moeda corrente do país. Pede-se:
     a) Qual o valor do resultado financeiro?
     b) Qual o valor do resultado econômico?
6. Das três empresas a seguir, indique, após análise, qual representa a melhor situação econômico-financeira. Explique.

Balanço patrimonial Empresa A			
Ativo		**Passivo**	
Circulante	55	Circulante	50
Não Circulante	45	Patrimônio Líquido	50
Total	100	Total	100

Cap. 20 • **SITUAÇÃO FINANCEIRA × SITUAÇÃO ECONÔMICA** **191**

Balanço patrimonial Empresa B			
Ativo		**Passivo**	
Circulante	55	Circulante	120
Não Circulante	45	Patrimônio Líquido	80
Total	100	Total	200

Balanço patrimonial Empresa C			
Ativo		**Passivo**	
Circulante	100	Circulante	170
Não Circulante	200	Patrimônio Líquido	130
Total	300	Total	300

7. A DFC (Demonstração dos Fluxos de Caixa) é um relatório financeiro e a DRE (Demonstração do Resultado do Exercício) é um relatório econômico. No que tange ao BP (balanço patrimonial), qual é o tipo de relatório?

8. O caixa é financeiro e, normalmente, é representado no balanço patrimonial pelo disponível. Assim, das empresas a seguir, qual tem a melhor *performance* financeira (dados em milhares)?

Balanço patrimonial Empresa A			
Ativo		**Passivo**	
Circulante		Circulante	
Disponível	100	Fornecedores	180
Duplicatas a receber	150	Salários a pagar	30
Estoque	100	Tributos e outros	140

Balanço patrimonial Empresa B			
Ativo		**Passivo**	
Circulante		Circulante	
Disponível	150	Fornecedores	280
Duplicatas a receber	170	Salários a pagar	60
Estoque	150	Tributos e outros	80

Balanço patrimonial Empresa C			
Ativo		**Passivo**	
Circulante		Circulante	
Disponível	200	Fornecedores	300
Duplicatas a receber	150	Salários a pagar	80
Estoque	250	Tributos e outros	240

9. Calcule o *payback* da empresa e do empresário, considerando que o lucro do período foi de R$ 300.000.

Balanço patrimonial			
Ativo		**Passivo**	
Circulante	2.500	Circulante	2.250
Não Circulante	3.500	Patrimônio Líquido	3.750
Total	6.000	Total	6.000

Capital fixo = investimento + imobilizado + intangível
Capital de terceiros = Passivo circulante + exigível a longo prazo
Capital próprio = Patrimônio Líquido

10. O Banco Money Fácil S.A. oferece R$ 1.000.000 para a Cia. Inteligente S.A. As condições são que 70% do financiamento sejam aplicados em forma de investimento fixo e 30% no capital de giro. Após algumas análises, conclui-se que, se esse financiamento for realizado, a empresa poderá aumentar o lucro retido em mais R$ 500.000 nos próximos 5 anos. Analise essa opção do ponto de vista da empresa e do empresário e dê sua opinião. Você recomendaria o empréstimo?

Balanço patrimonial Cia. B				DRE (mil)	
Ativo		**Passivo**			
Circulante	900	Capital de terceiros	850	Lucro líquido	100
Não Circulante	1.100	Capital próprio	1.150		
Total	2.000	Total	2.000		

21 Índice-padrão

OBJETIVOS DO CAPÍTULO

- Estudar os índices obtidos das Demonstrações Financeiras da empresa.
- Comparar esses índices com o índice-padrão do segmento econômico em que está inserida a empresa.

21.1 Introdução

Como podemos avaliar se os índices apurados são favoráveis ou desfavoráveis? Como estão os concorrentes? O endividamento é maior que o das outras empresas do mesmo ramo de atividade? A rotação (giro) dos estoques é rápida ou lenta em relação às empresas que operam com o mesmo produto?

Sem dúvida, só poderemos avaliar bem os índices econômico-financeiros de empresas do mesmo ramo de atividade.

Um índice de liquidez corrente igual a 1,20 para indústria têxtil pode ser baixo se comparado com o de outras. No entanto, uma liquidez corrente de 0,80 pode ser satisfatória para uma instituição de ensino (não possui estoques e duplicatas a receber no seu Ativo Circulante, mas recebe receita à vista) ou para uma empresa de transportes coletivos.

Uma liquidez seca de 0,40 é deficiente para uma metalúrgica, ao passo que para uma grande atacadista (cujo maior investimento é o estoque) e para um supermercado, é satisfatória.

Uma margem de lucro de 3% é satisfatória para um supermercado, mas é péssima para uma joalheria, pois o primeiro opera com grandes quantidades, enquanto a segunda, não.

Assim, certificamo-nos de grande diversidade de um ramo de atividade para outro, quanto à avaliação de índices. Por isso, há necessidade de se comparar os índices de uma empresa com os índices de outras do mesmo ramo de atividade.

Quando calculamos índices de Demonstrações Financeiras de empresas do mesmo ramo de atividade para servir de base de comparação para outras empresas desse mesmo ramo, estamos calculando índices-padrão.

21.2 Como preparar índices-padrão

Por meio de trabalhos realizados com alunos de graduação em Contabilidade, na disciplina Análise de Balanços, constatamos que a elaboração de índices-padrão em quartil (medida de posição em 4 partes) traz bons resultados. A sequência para apuração dos índices-padrão é a seguinte:

Apresentamos, por exemplo, índices de liquidez corrente de 24 empresas do ramo têxtil:

0,61	0,91	1,25	1,58	1,20	1,28
1,36	1,48	1,46	0,80	0,60	0,68
2,31	0,70	0,76	2,10	1,52	1,61
1,92	0,84	1,00	0,94	0,99	0,95

Em seguida, colocamos os índices apresentados em ordem crescente de grandezas:

1º	2º	3º	4º	5º	6º	
0,60	0,61	0,68	0,70	0,76	0,80	¼ dos índices
0,84	0,91	0,94	0,95	0,99	1,00	¼ dos índices
1,20	1,25	1,28	1,36	1,46	1,48	¼ dos índices
1,52	1,58	1,61	1,92	2,10	2,31	¼ dos índices

A seguir, encontramos os quartis e a mediana dessa série de liquidez corrente.

O 1º quartil será o valor que deixar 25% (1/4) dos índices do conjunto abaixo de si mesmo e 75% (3/4) acima.

No exemplo dado, estamos utilizando o 6º elemento, ou seja, o índice 0,80. O próximo elemento, o índice 0,84, que é o sétimo na sequência, inicia o 2º quartil. Assim, a linha divisória entre o 1º e o 2º quartis poderá ser determinada pela média entre o último elemento do 1º quartil e o 1º elemento do 2º quartil, ou seja:

$$\frac{0,80 + 0,84}{2} = 0,82$$

| 1º Quartil | 2º Quartil |

0,82

Dessa forma, todos os índices inferiores a 0,82 estão contidos no 1º quartil, o que significa que 25% das empresas pesquisadas possuem os piores índices de liquidez corrente.

Em seguida, calculamos o índice que separa o 2º do 3º quartil.

Da mesma forma que encontramos o índice anterior (que separa o 1º do 2º quartil), encontraremos o atual, que nada mais é do que a média do 12º elemento (que é o último índice do 2º quartil) com o 13º elemento (que é o 1º índice do 3º quartil):

$$\frac{1,00 + 1,20}{2} = 1,10$$

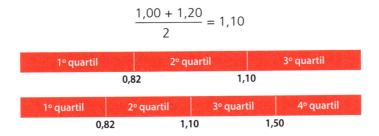

Os índices menores que 0,82 representam os mais baixos dos calculados: 25% das empresas analisadas (6 empresas em 24).

Os índices superiores a 1,50 representam os mais elevados dos calculados: 25% das empresas analisadas (6 empresas em 24).

Os índices entre 0,82 e 1,50 representam 50% das empresas analisadas. Não são nem baixos nem elevados.

O índice 1,10 é exatamente a mediana[1] desse ramo de atividade: do conjunto dos índices, 50% estão abaixo de 1,10 e 50% estão acima.

---

[1] A metade, o índice do meio (metade dos índices fica abaixo e metade acima).

21.3 Conceituação dos índices

O objetivo dos índices-padrão é servir de base para comparação entre empresas que operam no mesmo ramo de atividade.

Analisemos, por exemplo, o cálculo da liquidez corrente da "Têxtil São Judas Ltda."; se der 1,28 em relação ao padrão, saberemos que este se situa no 3º quartil.

Cabe agora discutir se a posição no 3º quartil dos índices-padrão é satisfatória, boa, razoável ou deficiente.

Uma forma de conceituação sugerida, mais prática, especialmente em nível acadêmico, é semelhante à da Serasa. Assim, considerando os quartis, temos:
a. **Índices – quanto maiores, melhores**: liquidez, rentabilidade e pagamento das compras.
b. **Índices – quanto menores, melhor**: endividamento (CT/PL), composição do endividamento (PC/PT), prazos médios de vendas e rotação de estoques.

1º quartil	2º quartil	3º quartil	4º quartil
Bom	Satisfatório	Razoável	Deficiente

Portanto, a liquidez corrente da Têxtil São Judas, de 1,28, no 3º quartil, será conceituada como satisfatória, pois pertence ao grupo A.

21.4 Exemplo prático de índices-padrão: edição *Melhores & Maiores*

Desde 1974, a revista *Exame* tem contribuído sensivelmente com indicadores de desempenho das maiores empresas no Brasil, com a edição *Melhores & Maiores*, normalmente publicada no meio do ano.

Os gráficos foram atualizados pela edição *Melhores & Maiores*, publicada em agosto de 2018. A seguir, apresentamos os principais indicadores.

21.4.1 Os principais indicadores

A Endividamento

A.1 Endividamento geral

É a soma do Passivo Circulante com o Não Circulante, dividida pelo Ativo Total ajustado. O resultado é apresentado em porcentagem e representa a participação de recursos financeiros por terceiros. É um bom indicador de risco da empresa.

Comportamento do endividamento das empresas no Brasil:

Os percentuais são a mediana e o índice do meio, significando que há 50% acima (as melhores) e 50% abaixo (as piores) dos percentuais indicados.

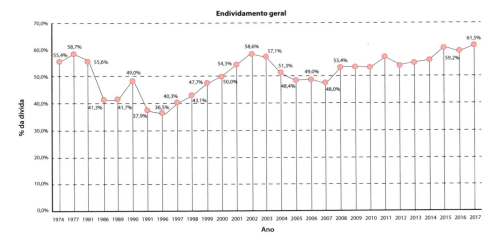

O endividamento começa a cair na década de 1980, voltando a subir no final da década de 1990. Cai novamente a partir de 2003, voltando a subir a partir de 2007.

A.2 Endividamento a longo prazo

É o Passivo Não Circulante dividido pelo Ativo Total ajustado, em porcentagem. É um indicador importante, porque as dívidas a longo prazo são geralmente onerosas, o que ocorre com grande parte das exigibilidades incluídas no Passivo Circulante.

B Liquidez

B.1 Liquidez corrente

É o Ativo Circulante dividido pelo Passivo Circulante.

O comportamento dessa liquidez nos últimos anos é (mediana):

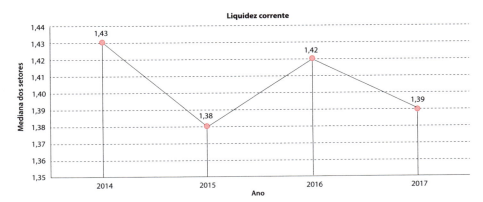

B.2 Liquidez geral

Mede quanto a empresa possui de recursos não aplicados em Ativos Fixos para cada real de dívida. É aferida pela divisão da soma do Ativo Circulante com o realizável a longo prazo, pela soma do exigível total. Se o índice for menor do que 1, a empresa dependerá de lucros futuros, renovação das dívidas ou vendas de Ativo Fixo para manter-se solvente.

C Rentabilidade/lucratividade

C.1 Produtividade (giro do Ativo)

É a receita bruta de vendas e serviços, em dólares, dividida pelo Ativo Total Ajustado em dólares. Mede a eficiência operacional da empresa e deve ser comparada com a margem de lucro sobre vendas.

C.2 Margem líquida das vendas

Mede o lucro líquido em relação às vendas. É a divisão do lucro líquido, ajustado em dólares, pelas vendas em dólares, em porcentagem.

Comportamento da margem das vendas (mediana):

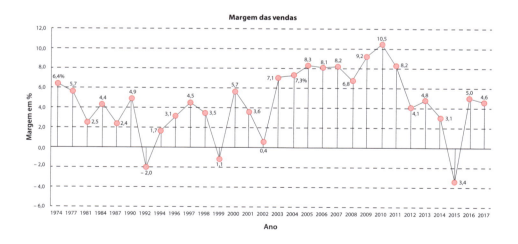

C.3 Taxa de Retorno sobre Investimento (TRI)

Embora a adição *Melhores & Maiores* não trate diretamente deste índice, como já vimos no Capítulo 17 (Decisões referentes à rentabilidade), basta multiplicar a margem líquida das vendas (c.2) pelo giro do Ativo (c.1) para termos a TRI. Portanto:

$$TRI = \text{Margem de lucro} \times \text{Giro do Ativo}$$

$$TRI = \frac{\text{Lucro líquido}}{\text{Vendas}} \times \frac{\text{Vendas}}{\text{Ativo}}$$

$$TRI = \frac{\text{Lucro líquido}}{\text{Ativo}}$$

C.4 Rentabilidade do Patrimônio Líquido

É o retorno do investimento aos acionistas, em porcentagem. É o lucro líquido (ajustado) dividido pelo Patrimônio Líquido (ajustado), multiplicado por 100. Para esse cálculo, consideram-se como Patrimônio os dividendos distribuídos no exercício e os juros sobre o capital próprio, considerados como Passivo.

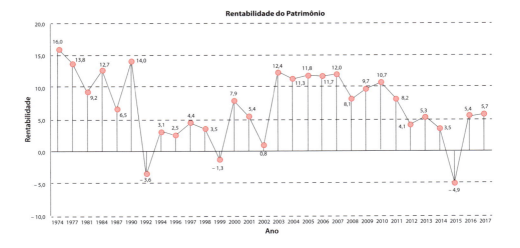

D. Outros indicadores

D.1 Valor adicionado por empregado

É o total da riqueza criada pela empresa dividido pela média aritmética do número de empregados, sem levar em conta eventuais serviços terceirizados. Serve para indicar a produtividade dos trabalhadores e a contribuição média de cada um para a riqueza gerada pela empresa.

Este indicador é bem recente na edição *Melhores & Maiores*, em que é chamado "riqueza criada por empregado" em dólar.

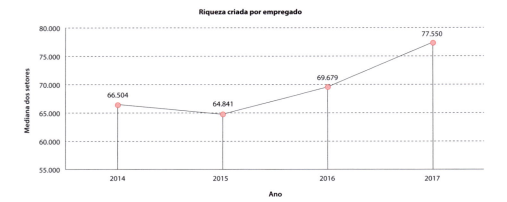

D.2. Investimentos no imobilizado

Significa a aquisição de imobilizado em relação ao imobilizado do ano anterior.

21.4.2 Os conceitos utilizados

A edição *Melhores & Maiores* de 2018 define os termos contábeis empregados em seus indicadores (alguns já mencionados aqui) da seguinte maneira:

- **Ativo Total Ajustado:** É o total dos recursos que estão à disposição da empresa. O valor é ajustado para reconhecer os efeitos inflacionários que as empresas deixaram, por imposição legal, de considerar nas Demonstrações Contábeis. O valor do Ativo Total Ajustado pode ser obtido dividindo-se o Patrimônio Líquido Ajustado pelo endividamento geral, subtraído de 1.
- **Capital circulante líquido:** Representa o total de recursos de curto prazo disponíveis para financiamento das atividades da empresa. É medido pela diferença entre o Ativo e o Passivo Circulantes.
- **Controle acionário:** Indica o país de origem do acionista controlador. Empresas multinacionais controladas por *holding* constituída no Brasil são classificadas pelo país de origem do acionista controlador final.
- **Crescimento das vendas:** Mostra a evolução da receita líquida de vendas em reais, descontada a inflação média apontada pela variação do IPCA-IBGE. As empresas que não publicaram Demonstrações Contábeis com correção monetária integral tiveram as vendas atualizadas por *Melhores & Maiores*. Os valores foram convertidos para moeda de poder aquisitivo de 31 de dezembro de 2017.
- **EBITDA:** Abreviatura da expressão em inglês Earnings Before Interest, Taxes, Depreciation and Amortization, que significa lucro antes de descontar os juros, os impostos sobre o lucro, a depreciação e a amortização. Em essência, corresponde ao caixa gerado pela operação da empresa.

Cap. 21 • ÍNDICE-PADRÃO 201

- **Empregados:** Número de funcionários na data de fechamento do balanço, normalmente 31 de dezembro.
- **Endividamento a longo prazo:** Indica o quanto a empresa está comprometida com dívidas classificadas no Passivo Não Circulante. É expresso em porcentagem, em relação ao Ativo Total Ajustado.
- **Endividamento geral:** É a soma do Passivo Circulante (isto é, dívidas e obrigações de curto prazo) com as do Passivo Não Circulante. O resultado é mostrado em porcentagem, em relação ao Ativo Total Ajustado, e representa a participação de recursos financiados por terceiros na operação da empresa. É um bom indicador de risco do negócio.
- **Excelência empresarial:** Indicador criado por *Melhores & Maiores*. É obtido pela soma de pontos ponderados conseguidos pelas empresas em cada um desses cinco indicadores de desempenho: crescimento das vendas (peso 10), liderança de mercado (peso 20), liquidez corrente (peso 25), rentabilidade do patrimônio (peso 30) e riqueza criada por empregado (peso 15). Com relação ao quesito rentabilidade e riqueza criada por empregado, são atribuídos pontos apenas às empresas cujos índices sejam positivos. Em cada indicador, a escala de pontos iniciais vai de 10, para o primeiro colocado, a 1, para o décimo. Assim, o primeiro colocado em rentabilidade obtém 300 pontos, ou seja, os 10 pontos iniciais vezes o peso 30.

  O maior peso atribuído aos itens "rentabilidade do patrimônio" e "liquidez corrente" deve-se à premissa clássica de que a função primária de uma empresa é a busca do lucro para a criação de valor, além do equilíbrio financeiro. Os itens "crescimento das vendas" e "riqueza por empregado" são considerados indicadores importantes da capacidade de geração de emprego e de renda.

  Além dos pontos obtidos nesses cinco indicadores, a empresa pode somar bônus por ter se destacado em outro anuário de *Exame*. Cada uma das melhores empresas do País em sustentabilidade, segundo o *Guia Exame de Sustentabilidade*, ganha 50 pontos e as demais incluídas recebem 25 pontos. As melhores por setores na pesquisa *As 150 Melhores Empresas Para Você Trabalhar* também levam 50 pontos, e as demais incluídas recebem 25 pontos. As empresas que não enviaram Demonstrações Contábeis não têm direito a bônus.

  Em caso de empate entre duas empresas, prevalece a que mais pontuou no quesito rentabilidade. Todas as concorrentes são selecionadas entre as 500 maiores empresas. Em setores pouco competitivos, também são consideradas as empresas constantes da lista complementar (de 501 a 1.000).

- **Exigível total:** É um indicador derivado, obtido da multiplicação do Ativo Total Ajustado pelo endividamento geral, sendo o resultado dividido por 100.

- **Exportação:** É a parcela das vendas líquidas realizadas para o exterior, obtida a partir das Demonstrações Contábeis publicadas ou das respostas aos nossos questionários.
- **Giro do Ativo:** É a receita líquida de vendas dividida pelo Ativo Total Ajustado. Mede a eficiência operacional da empresa e deve ser comparado com a margem de lucro sobre vendas.
- **Investimentos no imobilizado:** Considera o valor das aplicações em máquinas, equipamentos, edificações e outras que servirão para manter, renovar ou aumentar a capacidade produtiva da empresa.
- **Liderança de mercado:** Expressa em porcentagem a participação da empresa no seu setor. É calculada dividindo-se as vendas líquidas da empresa pela soma das vendas das empresas do mesmo setor pesquisadas pela revista.
- **Liquidez corrente:** É o Ativo Circulante dividido pelo Passivo Circulante.
- **Liquidez geral:** Mostra uma relação entre os recursos da empresa que não estão "imobilizados" e o total de sua dívida. É calculada pela divisão da soma do Ativo Circulante com o realizável a longo prazo pela soma do exigível total. Dessa divisão, obtém-se um índice. Se o índice for menor que 1, conclui-se que a empresa, para manter a solvência, dependerá de lucros futuros, renegociação das dívidas ou venda de Ativos.
- **Lucro líquido ajustado:** É o lucro líquido apurado depois de reconhecidos os efeitos da inflação nas Demonstrações Contábeis. Algumas empresas, mesmo sem exigência legal, calcularam e divulgaram esses efeitos mediante Demonstrações complementares, Notas Explicativas ou resposta ao questionário elaborado por *Melhores & Maiores*. Para as empresas que não fizeram tal divulgação, os efeitos foram calculados. Nesse valor estão ajustados os juros sobre o capital próprio, eventualmente considerados como despesas financeiras.
- **Lucro líquido legal:** É o resultado nominal do exercício, apurado de acordo com as regras legais (sem considerar os efeitos da inflação), depois de descontados o Imposto de Renda e a contribuição social, e ajustados os juros sobre o capital próprio, se considerados como despesas financeiras.
- **Margem das vendas:** É a divisão do lucro líquido ajustado pelas vendas líquidas, expressa em porcentagem. Esse índice também pode ser denominado de rentabilidade das vendas.
- **Mediana do setor:** É calculada com base nas empresas classificadas entre as 500 maiores ou as que figurem na lista complementar (de 501 a 1.000) para os setores de menor competição.
- **Passivo Circulante:** É um indicador obtido da multiplicação do Ativo Total Ajustado pela diferença entre o endividamento geral e o endividamento a longo prazo. O resultado final é dividido por 100.

Cap. 21 • ÍNDICE-PADRÃO 203

- **Passivo Não Circulante:** É um indicador derivado, obtido da multiplicação do Ativo Total Ajustado pelo índice de endividamento a longo prazo, sendo o resultado dividido por 100.
- **Patrimônio Líquido Ajustado:** É o Patrimônio Líquido Legal atualizado pelos efeitos da inflação. Essa informação foi dada também por parte das empresas, mesmo sem exigência legal. Para as empresas que não fizeram tal divulgação, os efeitos foram calculados pela revista, considerando-se, inclusive, os impostos.
- **Patrimônio Líquido Legal:** É a soma do capital, das reservas e dos ajustes de avaliação patrimonial, menos a soma do capital a integralizar, das ações em tesouraria e dos prejuízos acumulados, sem considerar os efeitos da inflação. Mede a riqueza da empresa, embora distorcida pela ausência de correção monetária desde 1996.
- **Rentabilidade do Patrimônio:** É o principal indicador de excelência empresarial, porque mede o retorno do investimento para os acionistas. Resulta da divisão dos lucros líquidos, legal e ajustado, pelos respectivos Patrimônios Líquidos, Legal e Ajustado. O produto é multiplicado por 100, para ser expresso em porcentagem. Para o cálculo, consideram-se como patrimônio os dividendos e os juros sobre o capital próprio classificados como Passivos.
- **Riqueza criada:** Representa a contribuição da empresa na formação do produto interno bruto do País, já deduzida a depreciação.
- **Riqueza criada por empregado:** É o total da riqueza criada pela empresa dividido pela média aritmética do número de empregados, sem levar em conta eventuais serviços terceirizados. Serve para indicar a produtividade dos trabalhadores e a contribuição média de cada um na riqueza gerada pela empresa.
- **Tributos:** Inclui os impostos incidentes sobre vendas (IPI, ICMS, ISS, PIS e COFINS), tributos incidentes sobre o lucro (Imposto de Renda e contribuição social), contribuição social sobre a folha de pagamento e outros sobre atividades ou propriedades específicas.
- **Vendas em dólares:** Foram apuradas com base nas vendas líquidas em reais, atualizadas para a moeda de poder aquisitivo de 31 de dezembro de 2017 e convertidas pela taxa de dólar do Banco Central na data, que era de 3,3080 reais.
- **Vendas líquidas:** São calculadas pela diferença aritmética entre o valor das vendas brutas, deduzidas das devoluções e abatimentos, e os impostos sobre vendas.

21.4.3 *Como usar os índices-padrão*

Em primeiro lugar, você pode comparar os indicadores da sua empresa com a média da economia.

Por exemplo, no cálculo do Endividamento geral (A.1), admita que o percentual de endividamento da sua empresa seja de 35%. Comparando no gráfico do item A.1, a mediana, em 1999 (referindo-se ao ano anterior), era de 47,7%.

Dessa forma, a sua empresa está bem abaixo da mediana. Por um lado, um endividamento abaixo pode representar menos riscos. Por outro lado, pode significar Ativo envelhecendo, não competitivo, pois é o financiamento (dívida) uma das principais fontes de renovação do Ativo.

Portanto, é possível comparar o desempenho da empresa com os índices de liquidez, rentabilidade etc., com a economia.

Em segundo lugar, o que é mais importante, verifique o setor em que sua empresa (a empresa em análise) atua. Como os editores da revista, compare o desempenho dela com o das empresas concorrentes. Identifique as que melhoraram ou pioraram de posição de um ano para o outro. E não se esqueça de ler o relato sobre a empresa que conseguiu o melhor desempenho do setor: nessas histórias, revelam-se alguns importantes segredos do sucesso. Não se restrinja à leitura da entrevista da melhor do seu setor: os relatos das melhores de outros ramos também são cheios de dicas e revelações de estratégias interessantes.

Estude os setores a que pertencem seus principais clientes e fornecedores. É uma maneira de colher subsídios valiosos para o planejamento da empresa e analisar a cadeia de valor de um produto. Se o seu cliente ou seu fornecedor está ficando com a parte preponderante do lucro total do produto, está na hora de rever a sua estratégia.

Para ter um quadro sintético dos destaques da edição, detenha-se na seção "Os melhores e os piores". Lá você encontra, entre outros, os maiores lucros, os maiores prejuízos, os que conseguiram sair do vermelho, além dos que mais cresceram ou encolheram.

Na introdução da seção "Indicadores setoriais", é possível avaliar o comportamento de cada um dos ramos de atividade e compará-lo com os dos outros. Itens como crescimento das vendas, rentabilidade do patrimônio, margem das vendas, liquidez corrente, investimentos no imobilizado e valor adicionado por empregado podem não revelar tudo, mas são mais do que suficientes em uma análise desse tipo.

Por exemplo, usando a edição de 2018, vamos analisar a empresa hipotética no setor de Bens de Consumo: Refrigeração Crescente S.A.

Admita que essa empresa tenha os seguintes indicadores, além do endividamento de 35%, já analisado em relação à economia:

Liquidez corrente = 1,21
Margem de lucro = 5%
Giro do Ativo = 1,6
TRI = 8% (5% × 1,6)
Aumentos da aquisição do imobilizado = 8,2%

Outros indicadores poderiam ser comparados consultando a edição de 2018 (página 260 em diante), em que se constatam as seguintes medianas:

Liquidez corrente = 1,36	(a mais elevada é da Camil = 4,91)
Crescimento = (6,9)%	(margem da Três Corações é = 17,3%)
Riqueza gerada por empregado = 72.539	(a mais alta é da Arousco = 921.931)
TRI = 10,8%	(a mais elevada é Frigol = 53,0%)

A liquidez corrente está abaixo da mediana (1,36), o que merece atenção. Todavia, a melhor do setor está com LC = 4,91.

A mediana de crescimento das empresas do setor foi negativa, sendo que a melhor empresa teve um retorno de 17,3% positivo. No nosso caso, o crescimento foi de 5%, o que pode ser classificado como muito satisfatório, se comparado à mediana.

Todavia, a Taxa de Retorno de Investimento está abaixo da mediana de 10,8%, embora haja várias empresas que atingiram o Retorno de Investimento superior a 30%. Significa que nossa Taxa de Retorno está perto da mediana, mas bem abaixo das taxas das líderes de mercado.

EXERCÍCIOS

1. Por que utilizam-se índices-padrão?
2. Qual a relação do índice-padrão com a mediana?
3. Quando conceituamos a mediana em relação aos resultados dos índices da empresa, devem-se utilizar as medianas do setor (do mesmo ramo da empresa). Comente esse parágrafo.
4. Alguns autores conceituam o índice da empresa como satisfatório ou insatisfatório, em comparação com o índice-padrão. Dessa forma, conceitue os índices a seguir:

	Índices da empresa	Mediana	Conceito
Liquidez	0,90	1	
Endividamento	0,60 (60%)	0,50 (50%)	
Rentabilidade	0,05 (5%)	0,10 (10%)	

5. Para os índices de liquidez, quanto maiores, melhores. Em se tratando dos índices de endividamento e rentabilidade, como ficam? Quanto maiores, melhores ou piores?
6. A revista *Exame*, edição *Melhores & Maiores*, destacou-se no meio contábil por divulgar algumas análises setoriais e, por consequência, suas medianas. De que forma essa revista pode ajudar na análise dos relatórios?

7. Para a *Exame*, edição *Melhores & Maiores*, qual o conceito utilizado para definir o Ativo Total?

8. Na ausência de dados para calcular os quartis, podemos pesquisar as medianas (índices-padrão) na revista *Exame*, edição especial das *Melhores & Maiores*, jornal, sindicato, federação, o grupo Serasa (para associados) ou outras entidades do setor. De posse das medianas, para a liquidez e rentabilidade, podemos usar um instrumento que não é tecnicamente perfeito, mas ajuda a melhorar a análise. Essa ferramenta seria dividida em quatro intervalos, multiplicando-se por 1,20 e 0,80. O primeiro intervalo será chamado de ruim; o segundo, de razoável; o terceiro, de satisfatório; e o quarto, de bom:

Mediana			
	(–) 20%	(+) 20%	
Ruim	Razoável	Satisfatório	Bom

Desse modo, conceitue a liquidez da empresa fictícia Cia. Americana S.A. – Indústria Alimentícia, considerando as medianas do seu segmento (setor).

Índices			
Tipo	Resultado	Medianas	Conceito
Liquidez corrente	1,30	1,20	
Liquidez seca	0,80	0,90	
Liquidez geral	1,80	1,40	

9. Utilizando o mesmo critério de conceituação do exercício 8, faça o mesmo para os índices de rentabilidade a seguir:

Índices			
Tipo	Resultado	Medianas	Conceito
TRI/ROI	0,02 ou 2%	5%	
TRPL	0,15 ou 15%	10%	
Margem líquida	0,05 ou 5%	4%	xxxxxxxx
Giro do Ativo	1,5	2	xxxxxxxx

10. Faça um breve comentário (fundamentado) sobre a situação econômico-financeira da Cia. Americana S.A. tomando como base os exercícios 8 e 9 anteriores.

22 Quadro Clínico da Empresa

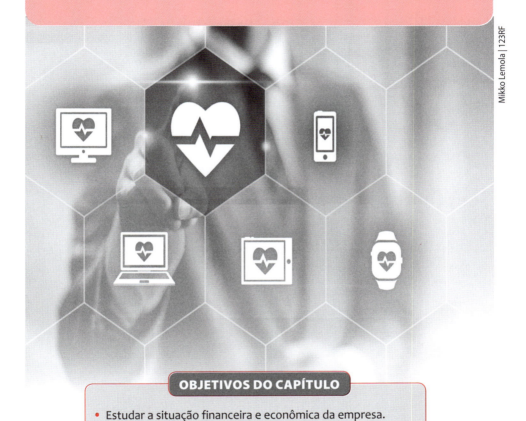

OBJETIVOS DO CAPÍTULO
- Estudar a situação financeira e econômica da empresa.
- Ressaltar seus aspectos positivos e negativos.

22.1 Introdução

Como vai indo a saúde da empresa? Com o objetivo de dar uma visão mais ampla da empresa, apresentamos, a seguir, um quadro geral, comentado, explicado, evidenciando a situação financeira e econômica da empresa, ressaltando os pontos fracos e fortes.

CONTABILIDADE PARA EXECUTIVOS | Marion • Cardoso • Rios

		20X1	20X2	20X3	(–) Conceito	Significado	Fórmula
Liquidez (capacidade de pagamento)	Corrente					Mostra quanto a empresa tem de Ativo Circulante para pagar cada $ 1,00 de dívida a Curto Prazo	$\dfrac{AC}{PC}$
	Seca					Mostra quanto a empresa tem de Ativo Circulante, sem considerar os estoques, para cada $ 1,00 de dívida a curto prazo	$\dfrac{AC - Estoques}{PC}$
	Geral					Quanto a empresa tem a curto e longo prazos para pagar as dívidas a curto e longo prazos	$\dfrac{AC + RLP}{PC + ELP}$
Imobilização	Em relação ao Patrimônio Líquido (PL)					Imobiliza $ ... em relação ao Patrimônio Líquido – PL	$\dfrac{Ativo\ Fixo}{PL}$
Capital de Giro Próprio (CGP)	Em relação ao Ativo Circulante					Qual é o percentual de CGP em relação ao Ativo Circulante	$\dfrac{GCP}{AC}$
Comportamento dos custos/ despesas	Custos em relação às vendas					Qual é a participação dos custos em relação às vendas	$\dfrac{Custos}{Vendas}$
	Despesas em relação às vendas					Qual é a participação das despesas em relação às vendas	$\dfrac{Despesas}{Vendas}$

(*) Satisfatório, razoável ou deficiente

Cap. 22 • **QUADRO CLÍNICO DA EMPRESA** 209

Comentários:

Pontos fortes:

_____
_____
_____
_____

Pontos fracos:

_____
_____
_____
_____

EXERCÍCIOS

1. Qual é o objetivo e para que serve o quadro clínico?
2. O administrador e o contador são considerados "médicos" e "laboratórios" das empresas. Os dois são capazes de diagnosticar a "doença" pelo exame (quadro clínico), analisar e dar a "receita médica" (tomadas de decisões). Comente sobre esse pensamento.
3. Cite alguns exemplos de pontos fracos na empresa, em relação ao quadro clínico.
4. Cite alguns exemplos de pontos fortes na empresa, concernentes ao quadro clínico.
5. Conceitue os indicadores. Quanto maior, melhor ou pior?

	Quanto maior.......
Liquidez	
Participação de capitais de terceiros sobre os recursos totais – Quantidade das dívidas	
Composição ou qualidade das dívidas	
Rentabilidade do Ativo – TRI – empresa	
Rentabilidade do PL – TRPL – empresário	
Rotação das vendas	
Rotação dos estoques	
Rotação das compras	
Imobilização em relação ao PL	
Capital de Giro Próprio – CGP	
Custos em relação às vendas	
Despesas em relação às vendas	
Margem líquida em relação às vendas	
Margem operacional em relação às vendas	

210 CONTABILIDADE PARA EXECUTIVOS | Marion • Cardoso • Rios

6. A Cia. JJ Comercial Ltda. teve um resultado positivo (lucro), em X0, de 30 (mil) e, em X1, de 50 (mil). Dado o balanço patrimonial, monte o quadro clínico da empresa.

Balanço patrimonial Cia. JJ Comercial Ltda.						
	20X1	**20X2**			**20X1**	**20X2**
Circulante				**Circulante**		
Disponível	10	5		Fornecedores	150	70
Dupl. a receber	40	50		Salários	10	10
Estoque	100	45		Tributos	30	20
				Não Circulante		
Não Circulante				Financiamentos	100	60
Investimento	100	100		**Patrimônio Líquido**		
Imobilizado	250	200		Capital	150	150
				Lucros acumulados	60	90
Total	500	400		Total	500	400

	Fórmulas	**Cálculo ano anterior**	**Cálculo ano atual**	**Índices**	
				20X1	**20X1**
Liquidez	Corrente				
	Geral				
Endividamento	Quantidade				
Rentabilidade	Empresa				

7. Considere os índices do exercício anterior, faça o complemento do quadro clínico, conceituando em relação às medianas fictícias e analise as tendências.

	Índices		**Medianas "fictícias"**	**Conceitos**		**Tendências**
TIPO	20X0	20X1		20X0	20X1	
Liquidez corrente			0,90			
Liquidez geral			0,10			
Endividamento			50%			
TRI						

Conceito: utilize os instrumentos descritos no Capítulo 16.

Tendência: aumentar, diminuir, melhorar, piorar ou estabilizar.

Cap. 22 • QUADRO CLÍNICO DA EMPRESA **211**

8. Considere os dados dos exercícios (6 e 7) e complete o relatório sintético a seguir.

Relatório final

Analisamos, de forma objetiva, os principais indicadores econômico-financeiros da Cia. JJ Comercial Ltda. Nota-se que, pelo quadro clínico, a tendência da situação financeira de curto prazo foi de _____ (estabilizou, piorou ou melhorou) e que o conceito, em relação à média do setor no ano atual, é _____ (bom/ruim/razoável).

O endividamento, no ano atual da Cia. JJ Comercial Ltda. é _____ (alto/ baixo), em comparação à mediana. Dessa forma, evidencia-se que a empresa está atualmente optando em trabalhar com _____ (capital de terceiros/capital próprio/capital circulante).

A rentabilidade da empresa _____ (subiu/caiu) de X0 para X1, e o conceito atual, em comparação com as empresas do mesmo ramo de atividade, é _____ (ruim/satisfatório).

Observa-se, de maneira geral, que a situação econômica está _____ (satisfatória/insatisfatória) e que a situação financeira, a longo prazo, é _____ (boa/ruim), com tendência a _____ (melhorar/piorar/estabilizar).

Como sugestões e propostas, a empresa poderia concentrar seus esforços na _____ (geração de caixa/compra de ações), para _____ (aumentar/diminuir) _____ (as vendas/o endividamento). Uma das formas seria propor vender parte do _____ (imobilizado/investimento).

9. Monte o quadro clínico da Cia. Playboy Ltda.

Em $ milhões

Balanço patrimonial Cia. Playboy Ltda.			
ATIVO	**31/12/X3**	**31/12/X2**	**31/12/X1**
Circulante			
Disponível	2.000	1.400	1.000
Duplicatas a receber	15.000	12.000	10.000
Estoques	8.370	7.150	6.000
Total do Circulante	25.370	20.550	17.000
Não Circulante			
Investimento	2.250	1.500	1.000
Imobilizado	45.000	30.000	20.000
(–) Depreciação acumulada	(18.000)	(9.000)	(4.000)
Total do Não Circulante	29.250	22.500	17.000
Total do Ativo	54.620	43.050	34.000

(*continua*)

Continuação

Balanço patrimonial Cia. Playboy Ltda.			
PASSIVO	**31/12/X3**	**31/12/X2**	**31/12/X1**
Circulante			
Fornecedores	2.000	1.600	1.000
Tributos e contribuições	2.000	3.100	2.000
Empréstimos diversos	30.000	20.000	15.000
Total do Circulante	34.000	24.700	18.000
Não Circulante			
Financiamentos	10.870	7.250	5.000
Patrimônio Líquido			
Capital	10.000	10.000	10.000
Reservas diversas	2.550	2.500	2.000
Total do PL	9.750	11.100	11.000
Total do Passivo + PL	54.620	43.050	34.000

Em $ milhões

Demonstração do Resultado do Exercício Cia. Playboy Ltda.			
Descrição	**31/12/X1**	**31/12/X2**	**31/12/X3**
Receita bruta	50.000	80.000	140.000
(–) Deduções	(5.000)	(8.000)	(14.000)
Receita líquida	45.000	72.000	126.000
(–) Custo dos Produtos Vendidos (CPV)	(23.000)	(36.800)	(64.400)
Lucro bruto	22.000	35.200	61.600
(–) Despesas operacionais			
De vendas	(6.000)	(9.600)	(16.800)
Administrativas	(2.000)	(3.000)	(4.500)
Financeiras	(17.000)	(26.500)	(49.000)
Lucro ou (prejuízo) operacional	(3.000)	(3.900)	(8.700)
Ganhos não operacionais	2.000	3.500	7.300
Lucro ou (prejuízo) do exercício	(1.000)	(400)	(1.400)

Quadro clínico.						
			X1	X2	X3	Tendência dos índices
Liquidez	Corrente	(1)				
	Geral	(2)				
	Seca	(3)				
	Imediata	(4)				
Endividamento	CT/Rec. Totais	(5)				
	PC/CT	(6)				
	CT/PL	(7)				
Rentabilidade	LL/Ativo	(8)				
	Vendas/Ativo	(9)				
	LL/PL	(10)				
Atividade	Rotação de estoque	(11)				
	PMRV	(12)				
	PMPC	(13)				

10. Concessão de Crédito à Cia. Playboy (com base no quadro clínico do exercício anterior). O Dr. Coelho Arruda assume a diretoria da Cia. Playboy no início do ano de 20X5. Ele, bastante conhecido como um eficiente administrador, dirige-se ao seu velho amigo, Sr. Vesperal, presidente do Banco Exigente S.A., solicitando um financiamento de $ 50 milhões a longo prazo (cinco anos é o prazo que a financeira do Banco Exigente normalmente concede para os financiamentos).

Informações adicionais:

1. A atividade da empresa é trefilar metal não ferroso e distribuí-lo como matéria-prima para outras empresas. Esse ramo de atividade é bastante promissor, pois a Cia. Playboy possui a maior quota para adquirir o metal não ferroso da maior siderúrgica do País, enquanto outras trefiladoras possuem uma pequena quota.

2. Não houve amortização de financiamentos, apenas variação cambial, contabilizada no grupo despesas financeiras.

3. O Manual de Normas do Banco Exigente S.A. determina que só concederá financiamentos para empresa cuja situação econômico-financeira seja satisfatória. No entanto, a determinação do presidente é a que vale.

4. Total de compras: 10.000, 15.000 e 21.000 em X2, X3 e X4, respectivamente (em $ 1.000).

Você está convidado a analisar a Cia. Playboy e dar seu parecer. O Banco Exigente S.A. tem o seguinte roteiro de análise:

a) Diagnóstico: vamos ver quais são os problemas do "doente". O "doente" (no caso, a empresa) não só tem pontos fracos como também pontos fortes, pois, se não tivesse nenhum ponto forte, certamente estaria "à morte".

Pontos fracos obtidos no quadro clínico:

_____

_____

_____

Pontos fortes obtidos no quadro clínico:

_____

_____

_____

b) Parecer do analista: O analista fará um breve comentário sobre a situação da empresa e, em seguida, dará seu parecer, optando por uma das alternativas:

( ) Concedo o crédito irrestritamente.

( ) Não concedo o crédito (financiamento).

( ) Concedo o crédito, impondo condições.

23 Nota Geral da Empresa

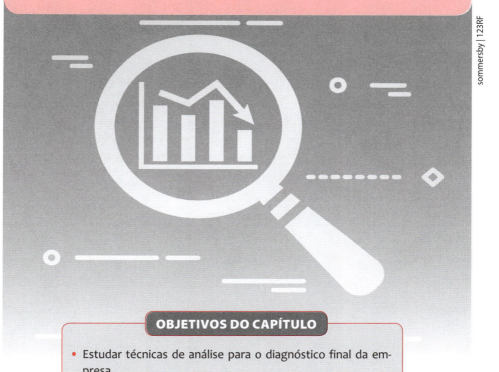

OBJETIVOS DO CAPÍTULO

- Estudar técnicas de análise para o diagnóstico final da empresa.
- Conhecer o fator de insolvência e aprender a analisá-lo.

23.1 Introdução

A combinação de vários indicadores poderá determinar uma nota média ponderada para a empresa.

Entre as diversas fórmulas conhecidas para avaliação da empresa como um todo, com base nos dados das Demonstrações Financeiras, sugerimos uma que, a princípio, pode parecer paradoxal: o modelo "como prever falências".

Na verdade, quando da criação dos modelos de como prever falências, pensava-se em detectar as empresas próximas a uma situação de falência.

Entretanto, os termômetros sugeridos para medir o risco de a empresa falir apresentam um espaço positivo (não há risco de falência: situação favorável); um duvidoso e um negativo (há risco iminente de falência). Ora, esses espaços (positivos ou negativos) evidenciam uma escala. Quanto mais positivo (mais elevado) for o índice encontrado para a empresa, na escala, melhor a sua "saúde" econômico-financeira.

Assim, podemos avaliar não só o risco de falir, mas também o desempenho da empresa, como veremos a seguir.

Como prever falências

No Brasil, o Prof. Stephen C. Kanitz[1] desenvolveu um modelo muito interessante de como prever falências, por meio de tratamento estatístico de índices financeiros de algumas empresas que realmente faliram.

O modelo consiste, primeiramente, em encontrar o fator de insolvência da empresa em análise. A fórmula do fator de insolvência, não tendo sido explicado pelo referido professor como se chegou a ela, é a seguinte:

$$X1 = \frac{\text{Lucro líquido}}{\text{Patrimônio Líquido}} \times 0,05$$

$$X2 = \text{Liquidez Geral} \times 1,65$$

$$X3 = \text{Liquidez Seca} \times 3,55$$

$$X4 = \text{Liquidez Corrente} \times 1,06$$

$$X5 = \frac{\text{Exigível total}}{\text{Patrimônio Líquido}} \times 0,33$$

$$\text{Fator de insolvência} = X1 + X2 + X3 - X4 - X5$$

Em segundo lugar, averigua-se em que intervalo recai o fator de insolvência no termômetro de insolvência, de acordo com a figura a seguir:

---

[1] Professor titular em Ciências Contábeis da FEA/USP. Autor de vários livros, entre os quais, *Como prever falências*. São Paulo: McGraw-Hill do Brasil, 1978.

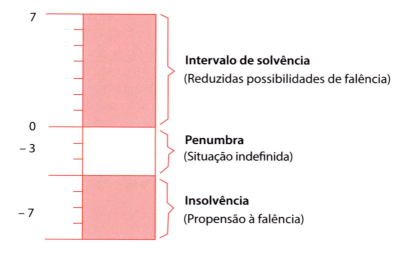

Exemplo:

A Cia. Falimentar apresenta os seguintes índices, apurados em seu último balanço:

	Fator de insolvência
$\frac{LL}{PL} = (-)\,0,20$	X1 = (–) 0,20 × 0,05 = (0,10)
LG = 0,50	X2 = 0,50 × 1,65 = 0,825
LS = 0,10	X3 = 0,10 × 3,55 = 0,355
LC = 2,60	X4 = 2,60 × 1,06 = 2,756
ET = 2,60	X4 = 2,60 × 0,33 = 0,858

FI = X1 + X2 + X3 – X4 – X5
FI = (0,010) + 0,825 + 0,355 – 2,756 – 0,858
FI = (–) 2,444

Esse resultado coloca a empresa na faixa de penumbra; todavia, bem perto da insolvência.

Alguns cuidados a serem tomados na aplicação do termômetro:

- O modelo é claramente destinado à indústria e ao comércio, não devendo ser aplicado indiscriminadamente em qualquer tipo avulso. Ao contrário do que muitos analistas vêm fazendo, não deveremos utilizá-lo para bancos, construtoras etc.

- Há necessidade de que as Demonstrações Financeiras reflitam a realidade financeira da empresa. Isso nem sempre ocorre nas pequenas empresas (e, algumas vezes, nas médias empresas). Nos casos em que a falência realmente ocorre após a previsão, constatou-se que as demonstrações eram fidedignas. Evidentemente, o modelo não deve ser considerado de maneira isolada, mas outros indicadores também deverão ser levados em conta para que haja maior eficiência de análise.

Exemplos de avaliação de desempenho

Vamos admitir que a Cia. Desânimo apresentou os seguintes FI nos últimos 5 anos: 6,1; 5,8; 5,0; 4,5 e 3,0.

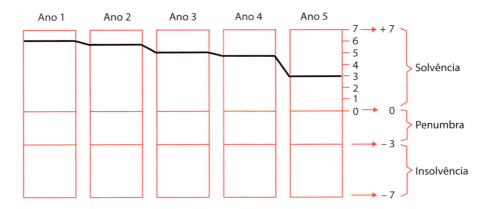

Veja que o melhor desempenho que a empresa teve foi no Ano 1 (desempenho excelente). Embora não haja o menor risco de falência, constata-se que o desempenho da empresa está decaindo de ano para ano. A seguir, nessa tendência, a situação poderá ser comprometedora em 5 ou 6 anos.

EXERCÍCIOS

1. Quem desenvolveu o modelo "como prever falência" no Brasil?
2. Qual a importância do termômetro de insolvência como nota geral da empresa?
3. Quais os indicadores que compõem o modelo de Kanitz? Qual tem o maior peso?
4. O que significa a zona de insolvência no termômetro de Kanitz?
5. A Cia. Mexicana S.A. tem o seu fator de insolvência calculado em 0,70. Pelo modelo de como prever falências, como está a empresa?
6. De que forma podemos nos precaver para não utilizar o modelo de forma genérica em todos os tipos de empresas?

Cap. 23 • NOTA GERAL DA EMPRESA 219

7. O modelo de como prever falência não deve ser considerado de maneira isolada. Dessa forma, o que poderia complementar ou ajudar na melhor análise das empresas?

8. Dado o balanço patrimonial da Cia. Exemplo em 31/12/X0, considerando que o prejuízo do exercício foi de $ 20.000, calcule e analise o seu fator de insolvência.

Balanço patrimonial em 31/12/X0 Cia Exemplo S.A.			
Ativo		**Passivo**	
Circulante		**Circulante**	
Disponível	10	Fornecedores	140
Duplicatas a receber	50	Salários	10
Estoque	100	Tributos e outras	80
		Não Circulante	
Não Circulante		Financiamentos	250
Investimento	50	Patrimônio Líquido	
Imobilizado	300	Capital	20
		Reserva de lucros	10
Total	510	Total	510

Referências Bibliográficas

CAMPOS FILHO, A. *Demonstração dos fluxos de caixa*. São Paulo: Atlas, 1999.

EQUIPE ATLAS. *Novo Código Civil:* Lei nº 10.406, 10/01/2002. 2. ed. São Paulo: Atlas, 2003.

FEDERAÇÃO das Indústrias do Estado do Rio de Janeiro. *Pesquisas e Estudos Socioeconômicos*. 2018. Disponível em: http://www.firjan.com.br/lumis/portal/file/fileDownload.jsp?fileId= 2C908A8A6098BB8B01610951EFB72EB3. Acesso em: 26 abr. 2019.

HENDRIKSEN, E. S.; BREDA, M. F. V. *Teoria da Contabilidade*. São Paulo: Atlas, 1999.

IUDÍCIBUS, S. *Teoria da Contabilidade*. 11. ed. São Paulo: Atlas, 2015.

IUDÍCIBUS, S.; MARION, J. C. *Curso de Contabilidade para não contadores*. 8. ed. São Paulo: Atlas, 2018.

IUDÍCIBUS, S.; MARION, J. C. *Contabilidade Comercial*. 10. ed. São Paulo: Atlas, 2016.

IUDÍCIBUS, S.; MARION, J. C. *et al*. *Contabilidade Comercial*: Livro de Exercícios. 4. ed. São Paulo: Atlas, 2000.

MELHORES & MAIORES. As 1000 maiores empresas do Brasil. Revista *Exame*, São Paulo, Abril, ago. 2018. 366 p. Edição Especial.

MARION, J. C. *Análise das Demonstrações Contábeis*. 7. ed. São Paulo: Atlas, 2012.

MARION, J. C. *Contabilidade Básica*. 11. ed. São Paulo: Atlas, 2015.

MARION, J. C. *Contabilidade Empresarial*. 18. ed. São Paulo: Atlas, 2018.

MARION, J. C. *O ensino da Contabilidade*. 2. ed. São Paulo: Atlas, 1999.

MARION, J. C.; SEGATTI, S. *Contabilidade da pecuária*. 10. ed. São Paulo: Atlas, 2012.

MARION, J. C. *et al*. *Normas e práticas contábeis:* uma introdução. 2. ed. São Paulo: Atlas, 2013.

RIOS, R. P.; MARION, J. C. *Contabilidade avançada*. São Paulo: Atlas, 2017.